Die Autoren

Aljoscha Long und Ronald Schweppe sind international bekannte Autoren, die ganzheitliche Lebenskunst auf ebenso leichte wie effektvolle Art und Weise zu vermitteln verstehen. Zahlreiche Bestseller stammen aus ihrer Feder. Immer wieder gelingt es ihnen, mit Witz und Esprit die Schätze spiritueller Weltkultur griffig, originell und zeitgemäß darzustellen. Aljoscha Long ist Diplompsychologe, Therapeut und Kampfkunstlehrer, Ronald Schweppe ist Orchestermusiker und Meditationslehrer. Das Autorenteam ist durch zahlreiche Veröffentlichungen und als Experten in Funk und Fernsehen bekannt.

www.long-schweppe.de

ALJOSCHA LONG
RONALD SCHWEPPE

Nicht anstrengen ...
leben!

Das Dao des Alltags

WILHELM HEYNE VERLAG
MÜNCHEN

FSC

Mix
Produktgruppe aus vorbildlich
bewirtschafteten Wäldern und
anderen kontrollierten Herkünften

Zert.-Nr. SGS-COC-1940
www.fsc.org
© 1996 Forest Stewardship Council

Verlagsgruppe Random House FSC-DEU-0100
Das für dieses Buch verwendete FSC-zertifizierte Papier
Holmen Book Cream liefert Holmen Paper,
Hallstavik, Schweden.

Originalausgabe 12/2009

Copyright © 2009 by Wilhelm Heyne Verlag, München,
in der Verlagsgruppe Random House GmbH
Printed in Germany 2009
Umschlaggestaltung: Guter Punkt, München,
unter Verwendung von Motiven von Shutterstock
Herstellung: Helga Schörnig
Gesetzt aus der 11/14,5 Punkt Minion
bei Christine Roithner Verlagsservice, Breitenaich
Druck und Bindung: GGP Media GmbH, Pößneck

ISBN 978-3-453-70118-2

http://www.heyne.de

Hört ein Weiser vom Dao,
strebt er ihm eifrig nach.
Hört ein mittelmäßiger Mensch vom Dao,
erkennt er halb und zweifelt.
Hört ein Unverständiger vom Dao,
so lacht er laut darüber.
Lachte er nicht laut – dann war es nicht
das eigentliche Dao.

LAOZI

Inhalt

Das unfassbare Dao

Der Weg des Dao ist leicht zu gehen, doch der Versuch, das Dao mit dem Verstand zu erfassen, gleicht dem Versuch, den Wind mit der Hand einzufangen …

Es ist wie mit der Schönheit eines Gedichts. Auch sie lässt sich intellektuell kaum begreifen, doch emotional finden wir den Zugang schnell.

Wer dem Dao folgt, wird in seinem täglichen Leben viele positive Veränderungen erfahren. Die heitere, gelassene Einstellung, die die daoistische Lebensweise ausmacht, erhält die körperliche und geistige Gesundheit, fördert das persönliche Wachstum und schafft Harmonie in zwischenmenschlichen Beziehungen, um nur einige Beispiele zu nennen. Das Geheimnis des Dao lässt sich also nicht wirklich erklären – wohl aber erfahren. Das Dao kann man nicht *denken*, man muss es *leben*!

Wer wusste das wohl besser als Laozi, der eher unfreiwillige Begründer des Daoismus? Die Legende erzählt, dass Laozi, als er seine Ämter aufgab und sich in die Einsamkeit zurückzog, eine Grenze überqueren wollte und dabei vom Zöllner als der berühmte Weise erkannt wurde. Nur zu gerne hätte sich Laozi unbemerkt aus dem Staub gemacht; doch leider: Der Grenzbeamte war fest entschlossen, den »Alten Meister« erst ziehen zu lassen, wenn dieser seine Lehre vom Dao aufgeschrieben hatte. Was blieb Laozi also übrig?

Er setzte sich nieder, um das Daodejing zu schreiben, die Schrift, die heute als grundlegende Quelle des Daoismus gilt. Im Daodejing, auf das wir noch häufig zu sprechen kommen, versuchte Laozi das Dao zu beschreiben. Wie schwierig es allerdings selbst für einen Weisen ist, das Dao in Worte zu fassen, das zeigen schon seine ersten Zeilen:

> *Das Dao, das man beschreibt,*
> *ist nicht das wirkliche Dao.*
> *Der Name, den man ihm gibt,*
> *ist nicht sein wahrer Name.*
>
> LAOZI

Da haben wir den Salat! Kein Versuch, das Dao wie einen Gegenstand zu beschreiben oder in Einzelteile zu zerlegen, wie wir das im Westen ja gerne tun, wird dem Dao gerecht. Es gibt nicht einmal eine vernünftige Übersetzung für das Wort »Dao«. Dao ist nicht der »Sinn«, nicht der »Weg«, nicht das »Universum« und schon gar nicht »Gott« – obwohl »Dao« oft so übersetzt wurde. Wir kommen der Sache zwar näher, wenn wir das Dao »die letzte Wahrheit hinter allen Dingen«,

»das Wesen der Natur« oder »den Weg des Himmels«
nennen – doch andererseits: Was nützen uns all diese
abstrakten Beschreibungen?

> *Der Himmel, die Erde und ich teilen dieselben Wurzeln.*
> *Alle Dinge sind Eins mit mir. Da sie Eins sind,*
> *kann es nicht dazu noch ein Wort dafür geben.*
> *Dennoch werden sie Eins genannt – also gibt es doch*
> *dazu noch ein Wort dafür. Also sind das Eine und*
> *das Wort – das sind zwei; zwei und eins sind drei.*
> *Und so kann man weitermachen, bis auch der größte*
> *Rechenmeister nicht mehr folgen kann – um wie*
> *viel weniger dann erst die gewöhnlichen Menschen!*
> *Wenn man aber bereits vom Nicht-Sein das Sein*
> *erreicht und bis zu drei kommt – wohin kommt man*
> *erst, wenn man vom Sein zum Sein gelangen will!*
> *Damit erreicht man gar nichts. Genug davon!*
>
> ZHUANGZI

Die Daoisten legten größten Wert auf das Leben. Nicht
so sehr auf das vermeintliche Leben, das sich vor allem
in unseren Köpfen abspielt, sondern jenes, das wir tatsächlich leben. Wir werden Sie in diesem Buch daher gar
nicht erst mit gelehrten Theorien über das Dao verwirren, sondern uns ganz und gar mit dem beschäftigen,
was es praktisch, im Alltag, für uns bedeuten kann.

Um einen Überblick zu bekommen, genügt es völlig, das Wichtigste kurz zusammenzufassen:

- Dao ist die *Weisheit* des Alten China
- Dao ist eine *Lebensphilosophie*, die einfach nach-zuvollziehen ist, die viele Probleme löst und ein äußerst angenehmes Lebensgefühl erzeugt
- Dao ist die *Kunst*, »dem Weg des Himmels« zu folgen; dieser Weg ergibt sich von selbst, wenn man im Fluss bleibt, zum Wesentlichen zurückkehrt und den Gesetzen der Natur vertraut, ohne einzugreifen

Wichtige Quellen des Daoismus

Der Daoismus hat zahlreiche unterschiedliche Formen angenommen und viele Methoden hervorgebracht. Taijiquan, Qi Gong, esoterische Atemübungen, sexuelle Praktiken, Kampfkünste, Wege der »Inneren Alchemie«, Rituale und auch so manch ein Aberglaube – sie alle beziehen sich auf den Daoismus.

Wenn wir in diesem Buch jedoch vom Dao sprechen, so wollen wir auf allen unnötigen Ballast verzichten und uns ganz auf die »Essenz des Dao« konzentrieren.

Die wertvollsten Perlen der daoistischen Lehre finden wir im klassischen philosophischen Daoismus.

Die älteste Quelle ist Laozis bereits erwähntes Daodejing, das »Buch vom Dao und der Kraft«. Lebensnaher ist allerdings das »Nan Hua Zhen Jing«, das »Wahre Buch vom Südlichen Blütenland« – einer der schönsten Texte der chinesischen Literatur, in dem auch der berühmte »Schmetterlingstraum« (wir werden noch mehr davon hören) vorkommt.

Der Verfasser ist der Philosoph Zhuangzi, der die Geheimnisse des Dao in Form von humorvollen und zum Nachdenken anregenden Anekdoten vermittelte und von vielen als der bedeutendste daoistische Weise angesehen wird.

Außer diesen beiden Schriften gibt es noch einige weitere wichtige Quellen, aus denen es sich zu schöpfen lohnt:

- Das »Yin Wenzi«, die Schriften des »Meister Yin Wen«, das ein Schüler Laozis schrieb, und das als hilfreiche Ergänzung zum Daodejing gilt;
- das »Huainanzi«, die Schriften der »Meister von Huai-Nan«, das von acht daoistischen Weisen verfasst wurde, die am Hof des Königs von Huainan verkehrten, und das vor allem Diskussionen zwischen den Daoisten und dem König wiedergibt;
- das »Liezi«, »Das wahre Buch vom quellenden Urgrund« des Meisters Lie; einer der daoistischen Klassiker, in dessen magischen Geschichten sich daoistische Meditationsweisen andeuten;
- das »Can Tong Qi« (»Die Übereinstimmung der Energie«) des daoistischen Meisters Wei Bo-Yang,

der in diesem Werk über »Innere Alchemie« (Methoden zur Energielenkung), »Wu Wei« (die Haltung des Nicht-Handelns) und Meditation schreibt.

Die wunderbaren Früchte des Dao

In den klassischen Schriften des Daoismus können wir viele Hinweise auf die wohltuenden Wirkungen, die »Früchte« einer daoistischen Lebensweise aufspüren. Dass sich heute immer mehr Menschen für das Dao interessieren, hat seinen guten Grund: Es scheint so, als ob die alte chinesische Weisheitslehre gerade für unsere allzu zivilisierte und technisierte Welt das Heilmittel der Wahl ist. Natürlich sind die Worte erst einmal ungewohnt. China ist weit weg, die chinesische Sprache ist ganz anders als unsere und die daoistischen Meister haben ihre Lehren vor über 2000 Jahren aufgeschrieben. Aber gerade deswegen ist es auch so faszinierend, dass das, was sie lehrten, so aktuell ist:

Keine andere Lebensphilosophie führt uns so direkt zum Wesentlichen zurück, baut Stress so gründlich ab, schenkt uns derartige Energien oder hilft uns so effektiv dabei, uns von körperlichen Verspannungen und seelischen Lasten zu befreien, wie der Weg des Dao.

Um das Dao »anzuwenden«, ist es zudem nicht nötig, irgendwelche fremdartigen religiösen Rituale auszuführen oder sich mit komplizierten Gedankengebäuden herumzuschlagen. Die Dao-Geheimnisse können Sie mitten im Leben einsetzen – während Sie im Büro sitzen, Ihre Katze streicheln, im Park spazieren gehen, im Stau stehen, auf Reisen sind, mit Ihrem Partner Zärtlichkeiten austauschen oder wenn Sie mit Freunden ins Café gehen.

In den jahrtausendealten Schriftsammlungen werden einige »Früchte« einer am Dao orientierten Lebensweise genannt. Und diese Früchte schmecken nicht nur sehr gut, sondern sie fallen uns auch beinahe in den Schoß. Wenn Sie die daoistischen Prinzipien beherzigen, wird dies nämlich ganz konkrete Auswirkungen für Sie haben:

- Sie werden beweglicher, Ihr Körper wird sich zunehmend leicht und geschmeidig anfühlen
- Sorgen und Ängste werden Ihren Geist nicht länger belasten
- Ihre Gesundheit wird immer stabiler werden, Krankheiten werden es schwerer haben
- bereits vorhandene Erkrankungen werden schneller heilen können
- Sie werden zunehmend mehr Lebensenergie haben. Gefühle der Müdigkeit und Erschöpfung werden Ihnen allmählich fremd werden
- Stimmungstiefs werden Sie nicht mehr so sehr runterziehen und bald nur noch eine ferne Erinnerung sein

- Ihrer Kreativität werden Flügel verliehen
- Sie werden erkennen, wie wichtig es ist, Überflüssiges und Belastendes abzuwerfen, und es wird Ihnen leichter fallen, sich auf das Wesentliche zu konzentrieren
- Daoisten sprechen oft vom Erreichen der »Unsterblichkeit«. Und wenn das auch eher spirituell zu verstehen ist, stimmt es doch, dass Menschen, die dem Dao folgen, sehr lange vital und jugendlich wirken und teilweise auffallend lange leben
- Sie werden auch in schwierigen Situationen leichter Gelassenheit und Heiterkeit bewahren können, und Ihre Zufriedenheit wird nicht mehr von äußeren Umständen abhängen

Unter der Überschrift »Die 10 Geheimnisse des Dao« haben wir die wichtigsten daoistischen Grundprinzipien zusammengefasst. Diese 10 »sanften Regeln« zu befolgen genügt vollkommen, um in den Genuss aller positiven Wirkungen zu kommen, die die daoistischen Prinzipien im täglichen Leben zeitigen.

Dao – der Weg zur gesunden Verrücktheit

Seit je haben Daoisten sich darum bemüht, das »normale Alltagsbewusstsein« hinter sich zu lassen. Tatsächlich bietet die daoistische Philosophie die Möglichkeit, auf eine sehr angenehme Weise verrückt zu werden! Wenn Sie beobachten, was als »normal« gilt, können Sie vielleicht schon ermessen, wie wohltuend es wäre, ein bisschen verrückt zu sein.

Zum Beispiel ist es ganz normal, von morgens bis abends hektisch durch die Gegend zu rennen, sich für andere aufzureiben, sich von Konsumzwängen leiten zu lassen, Luxusgütern hinterherzujagen und irgendwann einen Herzinfarkt zu bekommen.

Genauso normal ist es, ständig Probleme zu haben, sich immerzu mit anderen zu vergleichen, auf seinen eigenen Schwächen herumzureiten oder sich immer wieder in den Vordergrund drängen zu müssen, um es den anderen zu beweisen, und sich folglich nur selten wohl in seiner Haut zu fühlen.

Wollen Sie wirklich so »normal« sein? Natürlich nicht.

Wer gesammelt und heiter bleibt, der strahlt das Licht des Himmels aus.

ZHUANGZI

Tatsächlich strahlen Menschen, die »dem Weg des Himmels folgen«, eine ganz besondere Kraft aus. Ihr Gesichtsausdruck ist friedlich und entspannt. Keinerlei Sorgenfalten haben sich in ihre Stirn gegraben. Ihr Atem ist tief, ihre Haut seidig, ihre Bewegungen sind anmutig. Sie sind voller Lebensenergie und Elan und verlängern ihre Lebenszeit weit über das normale Maß hinaus.

Der »Weg des Dao« heißt auch der »Weg der großen Befreiung« – denn in der Tat befreien wir uns, wenn wir gemäß dem Dao leben, von allem, was uns unglücklich macht und unser Leben manchmal so grau und eintönig erscheinen lässt.

Wer seiner eigenen Lebendigkeit auf der Spur ist, wer sich von gesellschaftlichen Zwängen befreit, wem seine Seelenruhe mehr wert ist als die vielen kleinen Ersatzbefriedigungen und wer womöglich auch noch darum bemüht ist, seine kindliche Kreativität und Lebensfreude zu wecken, der gilt mitunter als versponnen, als ein bisschen verrückt. Wo es allerdings »normal« ist, zerstörerisch mit sich und seiner Umwelt umzugehen, da ist Verrücktheit eigentlich eine sehr natürliche und intelligente Reaktion.

Auf dem Pfad des Dao geht es darum, sich von all den Belastungen zu lösen, die das »normale Leben« auszeichnen, und zu dem zurückzufinden, was die »natürliche Lebensweise« ausmacht – der Unterschied zwischen »normal« und »natürlich« ist himmelweit!

Fassen Sie Mut. Wagen Sie es, einmal ein bisschen aus der Reihe zu tanzen! Oder glauben Sie wirklich, dass es heilsam für Sie wäre, dem, was »die Leute« sagen, mehr zu vertrauen als Ihrer inneren Stimme?

Falls Sie jetzt neugierig geworden sind und ausprobieren möchten, ob einige kleine und einfache Veränderungen tatsächlich mehr Freude, Kraft und Sinn in Ihr Leben zaubern können, dann sollten Sie einen Blick auf die »10 Geheimnisse des Dao« werfen. Eines ist jedenfalls sicher: Es gibt dabei nichts zu verlieren – nur viel zu gewinnen!

Dem Dao folgen heißt:
Bewahren, was du hast, nicht, das zu suchen,
was dir fehlt.
Nach dem suchen, das dir fehlt, birgt Gefahren:
Du kannst verlieren, was du hast.
Sich begnügen mit dem, was ist, heißt:
Das, was dir fehlt, kommt zu dir.

YIN WENZI

Die 10 Geheimnisse des Dao

Es ist schon erstaunlich: Obwohl der Daoismus uralt ist, obwohl er aus einem fremden Kulturkreis kommt, obwohl kaum eine philosophische Lehre zeitlich und räumlich so weit von uns entfernt ist und obwohl die Daoisten sehr tiefschürfende Gedanken in ihren Schriften niederlegten: Die Essenz der daoistischen Lebensweise lässt sich in zehn recht einfachen Prinzipien zusammenfassen – Prinzipien, die vollkommen zeitlos sind und vielleicht gerade für uns und gerade heute eine ganz besondere Bedeutung bekommen.

In der einen oder anderen Form tauchen diese »10 Geheimnisse des Dao« in allen daoistischen Schriften und Schulen auf. Und wie bei einer Lehre, die universell und zeitlos ist, nicht anders zu erwarten, gibt es einige Parallelen zu anderen Philosophen, Denkrichtungen und Religionen. Grundaussagen der daoistischen Lehren finden wir beispielsweise in der Philosophie der alten Griechen und im ursprünglichen Christentum, andere entdecken wir im Buddhismus oder bei Arthur Schopenhauer, und auch in der modernen Psychologie finden wir Einsichten, die sich mit denen der alten daoistischen Weisen decken.

Allerdings sind die daoistischen Erkenntnisse doch auch wieder vollkommen einzigartig. Der Daoismus ist eben weder Religion noch theoretisches Gedankenspiel und auch keine Wissenschaft, sondern eine zeitlose Lebensphilosophie.

Bei den 10 Geheimnissen des Dao handelt es sich nicht um strenge »Regeln« oder »Vorschriften«, wie bei den Zehn Geboten der Bibel oder den Paragrafen eines Gesetzestextes. Die 10 Geheimnisse sind einfach die Grundaussagen der daoistischen Lehre. Jeder von uns kann sich diese Erkenntnisse zunutze machen. Jeder kann sie durch eigenes Überlegen und Fühlen für sich entdecken.

Die 10 Geheimnisse gewinnen aber erst Form, wenn wir sie, mit etwas Vertrauen in uns selbst, ein bisschen Fantasie und einem Quäntchen Experimentierfreude in unser Leben bringen. Und das können wir jederzeit tun. Dabei werden wir schnell feststellen, dass die 10 Geheimnisse des Dao eng miteinander verwoben sind. Sie alle haben ein Leitziel: eine Lebensanschauung, die von Schönheit, Poesie, Heiterkeit und innerem Frieden getragen ist.

Die 10 Geheimnisse des Dao sind wie Schlüssel. Sie müssen die Schlüssel allerdings auch verwenden, um das Tor zu einem heiteren, gelassenen, glücklichen, in Einheit mit sich selbst und Ihrer Natur blühenden Lebens zu öffnen.

Ist es für Sie an der Zeit, sich aus alten Gedanken- und Verhaltensmustern zu lösen, alte Zwänge abzuwerfen und wirkliche innere Freiheit zu entdecken? Wollen Sie etwas vollkommen Neues ausprobieren? Möchten Sie wissen, wie es sich anfühlt, »auf den Wolken zu reiten«, wie es sich mit Leichtigkeit und Heiterkeit lebt oder wie es ist, so viel Energie wie nie zuvor in sich zu spüren?

Nehmen Sie die Schlüssel in die Hand und öffnen Sie die Tür, die Sie von Ihrer wahren Natur trennt! Dies ist viel leichter, als Sie möglicherweise glauben. Sie müssen sich dabei nicht einmal anstrengen – ganz im Gegenteil: Sie sollten sich möglichst gar nicht anstrengen …

Und damit sind wir schon beim ersten der 10 Geheimnisse des Dao angelangt:

1. Nicht kämpfen – vor allem nicht gegen sich selbst

Im Schweiße seines Angesichts arbeiten, die Zähne zusammenbeißen oder seine Macht ausüben, um zu beweisen, dass man die Zügel fest in der Hand hat – all das entlockt jenen, die dem Dao folgen, nur ein mildes Lächeln.

Wenn Ihre Lebensphilosophie lautet: »Das Leben ist ein Kampf!«, dann haben Sie hier schon die erste Möglichkeit, etwas zu verändern. Ihre Einstellung bestimmt

Ihr Lebensgefühl. Wenn Sie glauben, dass Sie gegen andere kämpfen und sich mit Ellbogen durchsetzen müssen, oder wenn Sie denken, dass nur »eiserne Disziplin« zum Erfolg führt, so sollten Sie sich darüber im Klaren sein, dass dies nur *eine* Möglichkeit ist, die Welt zu sehen.

Natürlich gibt es auch ganz andere Möglichkeiten. So sagen die Daoisten beispielsweise, dass wir das Wesentliche nie erfassen werden, solange wir noch in vielerlei Kämpfen und Kleinkriegen stecken.

> *Will einer die Welt erobern und lenken,*
> *dem sage ich: Du mühst dich vergebens!*
> *Die Welt ist von Geist durchwebt,*
> *sie bedarf nicht der Lenkung.*
> *Wer in ihren Lauf eingreift, zerstört sie.*
> *Wer sie erobern will, verliert sie.*
>
> LAOZI

»Das Leben im Griff haben« ist *ein* Bild. In diesem Bild ist das Leben etwas, das kontrolliert werden muss. Diese ständige Kontrolle gibt ein (wenn auch trügerisches) Gefühl der Sicherheit. Aber auch das Gefühl, ständig unter Druck zu stehen.

»Das Leben ist ein Fluss, dem wir uns voll und ganz anvertrauen können« – das drückt ein ganz *anderes* Bild von der Welt aus. Das Leben ist etwas, dem man ver-

trauen kann, das einen trägt und einen mühelos voran-
bringt. Ist das nicht ein wesentlich angenehmeres Gefühl?

Die Welt leben und gewähren lassen – davon weiß ich.
Die Welt ordnen – davon weiß ich nichts. Die Welt
leben lassen, heißt, sich darum bekümmern, dass sie
nicht von ihrer wahren Natur abweicht; die Welt
gewähren lassen, heißt, sich darum bekümmern, dass
die Welt nicht ihre innewohnende Kraft verliert.
Weicht die Welt nicht ab von ihrer wahren Natur und
verliert sie nicht ihre innewohnende Kraft – dann
ist die Ordnung der Welt bereits erreicht.

ZHUANGZI

Ein zentraler Begriff des Daoismus ist »Wu Wei« – er
bedeutet so viel wie »Nicht-Handeln«, »Nicht-Streben«
oder »Nicht-Eingreifen«. Das führt im Westen natürlich
oft zu Missverständnissen. »Aha, Daoisten sind also
Nichtstuer!«

Aber Wu Wei heißt nicht, den ganzen Tag auf dem
Sofa abzuhängen (womöglich bei laufendem Fernseher). Wenn wir das täten, würden wir nämlich auch
handeln. Und wir können ja auch gar nicht anders, weil
wir leben. Das Herumhängen auf dem Sofa ist jedoch
gegen unsere wahre Natur – ebenso wie das hektische
Streben nach immer mehr, dem rastlosen Hetzen von
einem Ort zum anderen, dem Alles-unter-Kontrolle-

haben-Wollen. Wu Wei heißt: nicht gegen unsere wahre Natur zu handeln. Und es bedeutet zu begreifen, dass sich die Welt nicht nur um uns dreht. Wir müssen nicht »alles im Griff« haben. Die Welt kommt schon zurecht. Meistens sogar viel besser, wenn wir nicht alles kontrollieren wollen.

Das Dao können wir erfassen, wenn wir uns von der Vorstellung lösen, immer die Kontrolle behalten zu müssen. Und es gibt auch keinen Grund, für alles, was in unserem Umfeld passiert, die Verantwortung tragen zu wollen.

Wie gesagt: Die Welt sorgt ganz gut für sich selbst! Sie war schon, bevor wir kamen, und sie wird noch sein, wenn wir schon längst gegangen sind. Wozu sich also in alles einmischen, wofür kämpfen, warum seine Meinung mit aller Kraft durchsetzen wollen und sich unnötig aufreiben?

Die einzige Anstrengung, die sich lohnt, ist die »Anstrengung«, loszulassen und sein Ego zurückzunehmen. Und das ist keine Anstrengung – sondern Befreiung.

Ist der Geist frei von Begierden,
so ist der Zustand der Ruhe erreicht.
Ist der Leib frei von ruhelosem Tun,
so ist der Zustand inneren Friedens erreicht.

HUAINANZI

Sich von unnötigen Begierden befreien, sich nicht zu Hektik verführen lassen, dies ist die rechte Art der Bemühung; und die lässt sich ganz ohne Schweiß, ohne Tränen, ohne Sorgenfalten, ohne die Stimme oder gar die Hand zu erheben und vor allem ohne Herzinfarkt umsetzen.

Die Daoisten warnen uns vor allzu viel Geschäftigkeit. Es ist zwar sinnvoll, seine Aufgaben zu erledigen, aber es ist nicht nötig, sich in wilden Aktionismus zu stürzen. Im Huainanzi heißt es dazu: »*Lässt du dich nicht länger von Geschäftigkeit beherrschen, erreichst du die höchste Klarheit.*«

Das viele Tun, die vielen Kämpfe, die vielen Anstrengungen – sie verwirren den Geist und kosten wertvolle Lebensenergie. Besser ist es, frei von inneren Widerständen zu leben – zu wirken, ohne zu handeln.

Daher auch der Weise:
Er wirkt ohne zu handeln,
er lehrt ohne zu belehren.
Ohne Widerstand werden die zehntausend Dinge,
ohne Widerstand lässt er sie werden.

LAOZI

2. Sanft mit sich und anderen umgehen

Sosehr die Daoisten den Kampf ablehnen, so sehr ist ihnen auch die Gewalt fremd. Es wäre nicht ganz richtig zu sagen: Sie *hassen* Gewalt. Es ist viel einfacher. Wenn Sie einen Nagel in die Wand schlagen und sich dabei auf den Finger hauen, sind Sie wahrscheinlich nicht erfreut darüber. Sie werden wohl versuchen, das zu vermeiden. Aber würden Sie sagen: Sie hassen es, sich mit einem Hammer auf den Finger zu schlagen? Eher nicht: Das klingt ein bisschen albern. So, als wäre es nötig und unvermeidlich. Es passiert manchmal, und das ist weder angenehm noch notwendig – aber Sie würden wohl kaum Ihre Zeit damit verschwenden, Hassgefühle darauf zu verwenden. Es ist doch völlig klar, dass ein Schlag auf die Finger wehtut und unschön ist.

Genauso ist es mit dem Verhältnis der Daoisten zu Gewalt. Sie erkennen durchaus, dass Gewalt auf unserer Erde eine Realität ist. Da sie aber nicht vom dualistischen Denken eingenommen sind, ist ihnen der Kampf von »Gut« gegen »Böse« fremd. Die dem Dao folgen, enthalten sich jeglicher gewalttätigen Neigungen. Nicht aus moralischen Gründen, sondern weil es so selbstverständlich ist, dass Gewalt schadet. Warum mit so einem Unsinn seine Zeit vergeuden. Schließlich ist es nicht das Harte, Feste und Starre, sondern das Weiche, Biegsame und Sanfte, das das Dao zum Ausdruck bringt.

Höchste Güte gleicht dem Wasser:
Es nützt allen Wesen und kämpft mit keinem.
Es füllt die verachteten Niederungen
und gleicht so dem Dao.

LAOZI

Sanftmut und Güte werden im Daoismus hoch geschätzt. Und auch das wird oft missverstanden. Ein Daoist ist nicht ein versponnener Schwächling, der mit verträumtem Blick durch die Wiesen springt und Blümchen pflückt. Sanftmut und Güte sind innere Werte – Werte, die Kraft erfordern und gerade auch in den daoistischen Kampfkünsten hochgehalten werden. Die Sanftmut hat ihre Quelle in innerer Stärke. Die Güte ist kein moralisches Gebot, sondern entspringt dem natürlichen Mitgefühl.

Sanft mit andern umgehen heißt übrigens nicht nur, sie nicht körperlich zu verwunden. Es heißt ebenso, anderen keine seelischen Verletzungen zuzufügen. In unserem Alltag bedeutet das vor allem, dass wir gut daran tun, darauf zu verzichten, andere zu manipulieren, ihnen unsere Meinungen aufzudrängen oder sie zu verurteilen. Das alles ist ganz unnötig. Es lenkt nur vom Wesentlichen ab.

Gefährde die Menschen nicht durch Hinterlist,
verletze sie nicht mit Waffen,
vergifte sie nicht mit Giften.

Unterdrücke sie nicht, weil du stärker bist.
Wer andere durch sein Handeln schädigt,
schadet nur sich selbst –
innerlich oder äußerlich.
Sein Handeln fällt auf ihn zurück.
Unsere Taten haben Folgen,
denen wir nicht entrinnen.

ZHANG SANFENG

Wenn Sie sich ein bisschen im Buddhismus auskennen, haben Sie sicherlich bemerkt, dass einige Erkenntnisse des Daoismus sehr der buddhistischen Anschauung ähneln. Auch im Buddhismus kommt dem »Nicht-Schädigen« eine wichtige Bedeutung zu. Und auch die Buddhisten sagen, dass jede Ursache eine Wirkung hervorruft: Gute Handlungen haben angenehme, schlechte Handlungen unangenehme Folgen. Dies hatte wohl auch Zhang Sanfeng im Sinn, als er schrieb:

Willst du deinen guten Ruf mehren,
so mehre den guten Ruf anderer.
Willst du deine Verdienste vergrößern,
so vergrößere die der anderen.
Willst du deine Arbeit fördern,
so fördere die Arbeit anderer.
Willst du Vorteile haben, so vergrößere die der anderen.
Auf diese Weise wird das Mitgefühl kultiviert.

An anderer Stelle tauchen Sätze auf, die ebenso aus der Bibel stammen könnten:

Hilf Menschen, die in Schwierigkeiten sind.
Schenke Einsamen dein Mitgefühl.
Unterstütze die Kranken und Trauernden.
Gib den Hungernden Nahrung und den
Frierenden Kleidung.

ZHANG SANFENG

Die Prinzipien Gewaltlosigkeit, Güte und Sanftmut sind so grundlegend für jeden spirituellen Weg, dass sie in der einen oder anderen Form zu allen Zeiten und in allen Kulturen auftauchen. Deshalb finden wir einige der daoistischen Aussagen auch in anderen Religionen. Dennoch hat das daoistische Gedankengut insgesamt sehr wenig Ähnlichkeit mit dem christlichen, auch wenn es nicht in einem direkten Gegensatz dazu steht.

Doch die Grundhaltung ist eine andere. Das gute Handeln ist kein von außen auferlegtes Gebot, das man befolgen muss, da sonst eine himmlische Strafe droht – es ist vielmehr das natürlichste Handeln für einen entwickelten Menschen. Nicht gewaltlos, nicht gütig, nicht sanft zu handeln – was hätte das für einen Sinn? Warum sollte man sich selbst Schaden zufügen? Der Antrieb zum »guten« Tun kommt von innen.

Ein anderer wichtiger Unterschied besteht darin,

dass das Prinzip des »sanften Weges« auch beinhaltet, dass man nicht nur mit anderen, sondern auch mit sich selbst sanft umgehen sollte! Das heißt beispielsweise, dass wir davon absehen sollten, uns ständig selbst zu kritisieren, uns »zusammenzureißen«, mit unserem »inneren Schweinehund« zu kämpfen oder uns zu »geißeln«. Das alles ist völlig überflüssig, wenn wir eins mit uns selbst werden.

Die daoistische Empfehlung lautet, dass wir in Einklang mit unserer Natur leben sollten.

Dazu bietet unser Leben genug Möglichkeiten:

Versuchen Sie, Menschen um sich zu versammeln, die Ihrer Natur entsprechen, anstatt sich aus vermeintlichen sozialen Zwängen mit Nervensägen, Langweilern und oberflächlichen Sprücheklopfern zusammenzutun.

Gehen Sie nach Möglichkeit einem Beruf nach, der zu Ihrem Wesen passt, anstatt sich Zwängen zu unterwerfen, die Ihnen im Innersten zuwider sind.

Leben Sie so, wie es Ihren wirklichen Bedürfnissen entspricht, anstatt sich vergänglichen Moden und Konsumzwängen zu beugen.

Nun, wir sind nicht vollkommen. Das ist klar. Wir machen Fehler, manchmal schaden wir uns selbst und anderen, wir sind Menschen. Fehler zu machen ist menschlich. Wenn wir Fehler machen, können wir daraus lernen. Es hilft nichts, uns innerlich zu beschimpfen, uns die Haare zu raufen und uns selbst zu verurteilen. Sehen Sie einmal genau hin: Jene, die sich selbst am heftigsten anklagen, sind auch anderen gegenüber wenig nachsichtig.

Dem Dao folgen, bedeutet, wach, bewusst, sanft und mit einem Lächeln auf den Lippen durchs Leben zu gehen. Wer in dieser Weise lebt, wird sehr schnell aufhören, »Fehler« zu machen, das heißt, sich selbst oder anderen Schaden zuzufügen.

Und was ist, wenn andere Fehler machen? Wenn andere Menschen sich schlecht verhalten und Übles anrichten, dann haben *sie* ein Problem. Ist das ein Grund, dies zu unserem eigenen Problem zu machen? In Anbetracht von Missetaten und Verbrechen neigen wir gewöhnlich dazu, mit Hass und Abneigung zu reagieren – doch wem nützt das? Negative Emotionen sind immer Hindernisse auf dem Weg zur absoluten Gelassenheit.

Der Weise ist gut zu den Guten,
und er ist gut zu den Unguten –
so vermehrt er die Güte.

LAOZI

Die Sanftheit und Güte der Menschen, die dem Dao folgen, beschränkt sich nicht darauf, gewaltlos zu leben. Sie beinhaltet darüber hinaus, die anderen sein zu lassen, wie sie sind. Daoisten predigen nicht, sie ziehen nicht als Missionare in die Welt. Sie achten die Einstellungen und das Weltbild eines jeden Menschen und halten sich nicht für besser als die anderen.

> *Der Wahre Mensch sorgt dafür, anderen nicht zu schaden, doch er betrachtet sich selbst nicht als gütig oder sanftmütig. Auch wenn er selbst nicht nach Gewinn strebt, verachtet er nicht die, die das tun. Auch wenn er keinen Besitz anhäuft, betrachtet er sich nicht als bescheiden. Auch wenn er keine Hilfe in Anspruch nimmt, betrachtet er sich nicht als unabhängig und verachtet nicht die, die Hilfe in Anspruch nehmen. Auch wenn er sich nicht den Traditionen anpasst, betrachtet er sich nicht als herausragend und verachtet nicht jene, die den Traditionen folgen.*

ZHUANGZI

»Nicht-Schädigen« schließt »Nicht-Verurteilen« mit ein. Die Kunst des sanften Weges bedeutet, andere Menschen wegen ihrer Schwächen nicht abzulehnen oder anzugreifen; sie bedeutet aber auch, sich nicht selbst abzulehnen und seine eigene Lebensenergie weder durch Perfektionismus und allzu hohe Erwartungen noch durch Leistungsdenken zu schwächen.

Im Grunde läuft auch das »Geheimnis der Sanftheit und Güte« darauf hinaus, sich zu entspannen und nicht in den Lauf der Natur einzugreifen. Eine entspannte, sanfte Haltung führt dazu, dass sich eine ganz besondere, geheime Kraft entwickeln kann.

> *Der Weise lässt die Dinge wachsen und werden,*
> *lässt sie wachsen und besitzt sie nicht,*
> *handelt ohne zu erwarten,*
> *lenkt ohne zu herrschen.*
> *Das bedeutet Verborgene Kraft.*
>
> LAOZI

3. Die Lebensenergie bewahren

Wir leben in einer Zeit, in der viel von »Energiesparen« die Rede ist. Langsam erkennen auch diejenigen, denen das kleine Einmaleins schon viel abverlangt, dass die Ressourcen der Erde nicht unbegrenzt sind. Und das ist natürlich Anlass für allerlei Geschäftigkeit: Ein neues, abgasärmeres Auto wird gekauft (statt das alte vielleicht einfach öfter einmal stehen zu lassen), Politiker fliegen um die halbe Welt, um zu diskutieren, ob nun ein halbes Prozent weniger CO_2 den Planeten rettet (dem, im Gegensatz zu den immer weniger werdenden Lebensformen, der Treibhausgasgehalt der Atmosphäre herzlich gleichgültig sein dürfte), und die alten Elektrogeräte müssen »stromsparenden« Apparaten weichen (die allerdings immer noch Strom verbrauchen – nicht zuletzt in der Herstellung).

Wo wir sehr schnell sinnvoll Energie sparen können, ist bei uns selbst. Auch unsere Lebensenergie ist nicht unbegrenzt. Gehen wir sparsam mit ihr um, pflegen und kultivieren wir sie, haben wir mehr zur Verfügung. Und auch länger: Gehen wir schonender mit unserer Lebensenergie um, so verlängert sich unser Leben – liegt das nicht nahe?

Die Daoisten sahen die Lebensenergie als äußerst wertvoll an – schließlich ist sie der »Stoff, aus dem das Leben ist«. Ohne die belebende Energie ist der Körper nichts weiter als tote Materie. Erst unsere Lebensenergie macht uns zu lebendigen Wesen, die wachsen, sich entwickeln, sich bewegen können.

Nur durch Mäßigung kann man
von Anfang an dem Dao folgen.
Von Anfang an dem Dao folgen heißt:
das Speichern der Wahren Kraft.

LAOZI

Der Weg des Dao legt großen Wert auf die Kultivierung der ursprünglichen Lebenskraft. »Energie« ist natürlich ein wenig missverständlich. Sie werden mit der Lebensenergie nicht den Akku Ihres Mobiltelefons aufladen können. Es ist keine physikalische Energie, kein elektrischer Strom. Es ist eher wie die Kraft der Musik, die Gefühle bewegt – natürlich ohne dass dabei Strom fließt. Deshalb verwenden wir für die Lebensenergie lieber den chinesischen Begriff *Qi*.

Der Daoismus verbindet seit je körperliche und seelische Gesundheit mit dem freien Fließen von *Qi*. Ist die Lebensenergie hingegen blockiert oder wird sie verschwendet, so führt dies zu Erkrankungen in Körper und Seele.

Die alten Meister entwickelten Methoden, die dabei helfen, den Fluss der Lebensenergie zu lenken. Taijiquan oder Qi Gong sind wohl die bekanntesten dieser Methoden, die direkt auf die daoistische Lebensphilosophie zurückzuführen sind. Sie »kontrollieren« das *Qi* nicht, sondern bringen es auf natürliche Art und Weise, in vollkommener Harmonie mit der Natur, zum freien Fließen. Es gibt allerdings auch daoistische Übungen der »Inneren Alchemie«, bei denen die Energie direkt gelenkt wird – davon werden wir in einem eigenen Kapitel berichten.

Die *Qi*-Vorstellung des Daoismus findet sich aber in ähnlicher Weise auch in der traditionellen chinesischen Medizin, in der Akupunktur, im Yoga, in fortgeschrittenen Shaolin-Praktiken – immer geht es darum, *Qi* (in Japan »Ki«, im Yoga »Prana«) zum Strömen zu bringen.

Obwohl die Lebensenergie weder sichtbar noch messbar ist, können wir sie an ihren Auswirkungen erkennen und erfahren. Menschen, die sehr viel »Power« haben, die topfit sind und Bäume ausreißen könnten, verfügen über viel *Qi*. Müdigkeit, Trägheit, depressive

Verstimmungen und körperliche Erkrankung deuten auf einen Mangel an dieser universellen Ur-Energie hin.

Jede Maßnahme, die dazu führt, dass Lebensenergie gesammelt statt verschwendet wird, erhöht das Wohlbefinden enorm. Wenn diese »Maßnahmen« noch dazu, wie bei den daoistischen Übungen, in völligem Einklang mit der Natur des Menschen sind und nicht als bloße »Technik« eingesetzt werden, ist der Nutzen noch größer – eben weil er nicht im Vordergrund steht.

Wenn du versäumst, deine Energie zu bewahren,
anstatt sie frei strömen zu lassen,
bist du wie eine gesprungene Tasse,
aus der das Wasser schneller quillt,
als du es nachgießen kannst.

YUN CHI

Was können wir aber tun, um unsere Lebensenergie zu bewahren, sie frei strömen zu lassen und *Qi* zu sammeln? Zum Beispiel können wir Taijiquan oder Qi Gong üben. Eine andere Möglichkeit besteht darin, die Erkenntnisse der Daoisten zu befolgen, die sich viele Gedanken über das Bewahren der Energie gemacht haben.

Die Lebensenergie auf daoistische Weise zu pflegen ist sehr einfach – dazu sind keine ausgeklügelten Techniken nötig.

Bewahre Stille, bewahre Reinheit,
ermüde den Körper nicht.
Zerstreust du die Lebenskraft nicht, so wirst du dauern.
Die Augen schließen,
die Ohren schließen,
das Bewusstsein zur Ruhe kommen lassen –
so wird die Seele den Körper erhalten
und das Leben wird lange währen.

ZHUANGZI

Die Sinne nicht überreizen, Ruhe bewahren, sich nicht verausgaben, keine besonderen Anstrengungen unternehmen, nicht jemand sein wollen, der man nicht ist – all das sind »Methoden«, die zu ungeahnter Energie führen.

Jeder Mensch bekommt mit seiner Geburt ein gewisses Maß an Vitalität mit auf den Lebensweg. Es gibt Menschen, die »von Natur aus« sehr vital sind – alle anderen sollten bedachtsam mit ihrer Lebensenergie umgehen. Indem wir unsere Energie sammeln, können wir unsere Vitalität stärken. Doch selbst Menschen, die über eine enorme Vitalität verfügen, werden diese relativ schnell verlieren, wenn sie allzu sorglos mit ihren Ressourcen umgehen.

Die Vitalität wird von Qi beeinflusst. Strömt das Qi nach außen aus, geht auch die Vitalität verloren.

Um die Vitalität zu erhalten, bewahre das Qi.
Wie aber kann Qi bewahrt werden? Indem du dich
von Begehren befreist, Offenheit, Heiterkeit
und Gelassenheit entwickelst und dich jeglicher
Launen enthältst.

LÜ YANG

Alle daoistischen Prinzipien haben einen »Nebeneffekt« – sie bewahren die Lebensenergie. Und so sind die »10 Geheimnisse des Dao« allesamt auch Möglichkeiten, *Qi* zu kultivieren. »Nicht kämpfen«, »Sanft mit sich und anderen umgehen«, »Im Fluss bleiben«, »Heiterkeit und Gelassenheit entwickeln«, »Yin und Yang ins Gleichgewicht bringen«, »Überflüssiges vermeiden« – alle diese Gesetze können ganz unkompliziert als »Energiespar-Methoden« genützt werden.

Sind die Wahrnehmung klar und die Erkenntnisse nicht
durch verführerisches Begehren getrübt, fließt durch
Offenheit und Ruhe die Energie harmonisch,
herrschen Gelassenheit und Heiterkeit und haben
gewohnheitsmäßige Begierden keine Macht,
dann sind die Fünf Organe geschützt – keinerlei
Energie geht mehr verloren.

HUAINANZI

Menschen, die dem Dao folgen, achten darauf, Körper und Gedanken ruhig zu halten. Wenn der Körper verspannt ist, wenn Unruhe in den Gedanken herrscht oder wenn wir uns zerstreuen, geht dies alles auf Kosten der Lebensenergie. Die Folge ist, dass wir uns unwohl fühlen. Sobald Sie also anfangen, sich nicht ganz wohl in Ihrer Haut zu fühlen, sollten Sie sich überlegen, ob die Art und Weise, wie Sie mit Ihrer wertvollen Lebensenergie umgehen, damit zusammenhängen könnte.

Ängste, Sorgen und Leistungsdruck sind einige von vielen Energieräubern. Auch Exzesse gehören dazu. Ein daoistischer Meister sagt: »*Ich esse, wenn ich Hunger habe, ich schlafe, wenn ich müde bin.*«

So einfach ist das!

Doch so simpel die daoistischen Empfehlungen auch manchmal scheinen, wir sollten ihre Wirkungen nicht unterschätzen! Zu viel Essen, zu viel oder zu wenig Schlaf – das allein kann schon genügen, um den Fluss der Lebensenergie zu beeinträchtigen. Sind aber erst einmal energetische Störungen entstanden, lassen körperliche und seelische Beschwerden nicht lange auf sich warten.

Besser ist es daher, von Anfang an achtsam zu sein und gesammelt zu bleiben.

Himmel und Erde:
der Zwischenraum wie ein Blasebalg.

Die Leere fällt nicht zusammen,
Die Bewegung bringt hervor.
Doch zu viel Reden erschöpft sich selbst.
Besser ist es, das Innere zu bewahren.

LAOZI

4. Überflüssiges vermeiden

Eine der wichtigsten Fähigkeiten der Daoisten besteht darin, dass sie sich voll und ganz auf das Wesentliche konzentrieren können. Dadurch entsteht natürlich sehr schnell ein Gefühl von Leichtigkeit und Unabhängigkeit. Jeglicher Ballast belastet nur. Selbst ein Falke wird nicht mehr fliegen können, wenn wir ihm Bleigewichte an die Flügel hängen.

In einer vom Konsum besessenen Welt ist es allerdings schwierig, den Blick auf das wirklich Bedeutsame zu richten. Es gibt so viele Dinge, die uns verführen wollen: angesagte Kleidung, die uns angeblich begehrenswerter macht, technische Spielereien, die faszinieren, Autos, die Erfolg und Glück suggerieren … Doch mittlerweile haben schon sehr viele Menschen erkannt, dass die mannigfaltigen Dinge sie im Grunde nicht glücklich machen.

Luxus ist nur so lange ungefährlich, solange wir unser Herz nicht daran hängen. Sicherlich: Auch ein Mensch, der dem Dao folgt, kann ein Luxusauto fahren und in einer Villa leben – es kommt allerdings eher selten vor, da die Verführung und das leere Versprechen, durch den Besitz dieser Dinge Zufriedenheit zu erlangen, durchschaut wird. Zu groß ist auch die Gefahr, dass die »zehntausend Dinge«, die vielen Reize der Welt, uns gefangen nehmen. Auch müssen all die Güter, die wir besitzen, gepflegt und gegen fremden Zugriff geschützt werden. Was für eine Arbeit, was für Mühen und wie viele Sorgen hängen doch an übermäßigem materiellen Besitz!

> *Der mit Gold und Jade übervolle Saal*
> *ist nur kurze Zeit zu schützen.*
> *Der mit Stolz gepaarte Reichtum und Glanz*
> *ist nur kurze Zeit frei von Unglück.*
>
> LAOZI

Eine einfache Möglichkeit, den Weg des Dao in die Praxis umzusetzen, besteht darin, jegliche Extreme zu vermeiden. Sie müssen gewiss kein Bettelmönch werden, um dem Dao zu folgen. Schließlich geht es ja nicht darum, anderen etwas zu beweisen oder irgendetwas zu demonstrieren. Eine aufgesetzte Bescheidenheit, eine zwanghafte Sparsamkeit ist nämlich ebenso von Übel wie Gier. Die rechte Mitte zu wahren – das ist die Kunst, die die Daoisten perfekt beherrschen. Dazu ist es manchmal nötig, Ballast abzuwerfen.

Es kann beispielsweise sehr befreiend sein, seinen Kleiderschrank einmal zu durchforsten und herauszufinden, ob all die Garderobe wirklich gebraucht wird. Bücher, die wir nicht mehr lesen, erfreuen als Spenden die öffentliche Bücherei. Es gibt genug Menschen, die sich über die alte Stereoanlage freuen würden, die wir nicht mehr benutzen, obwohl sie noch funktioniert – warum also behalten, was wir ohnehin nicht mehr gebrauchen?

> *Besser zur rechten Zeit loslassen, als das Maß*
> *übervoll zu machen.*
>
> LAOZI

Der Weg des Dao führt nicht in den Überfluss, sondern in die Klarheit der »Leere«. Der östliche Begriff der »Leere« wird bei uns oft falsch verstanden. »Leere« ist nicht »Öde« oder »Einsamkeit« – nichts, vor dem man Angst haben müsste. »Leere« ist einfach nur ein Zustand, in dem wir frei von unseren üblichen Denkmechanismen sind und unser wahres Wesen erkennen können. Es ist wie mit einem überfüllten, mit allerlei Krempel und Nippes beladenen Zimmer – den ganzen alten, unnützen Kram zu entfernen ist kein Verlust, sondern ein Gewinn.

Sammle dich in der Leere:
Nichts anderes ist die Leere als Enthaltsamkeit
des Geistes.
Wer sich enthält, gewinnt es,
wer den zehntausend Dingen anhaftet,
verliert es.

ZHUANGZI

Wo viel ist, kann viel verloren werden; wo wenig ist, kann viel gewonnen werden – so einfach und logisch sind daoistische Einsichten – und doch: Wie schwer fällt es uns oft, die einfachsten Ratschläge in die Tat umzusetzen …

Was können wir also tun?

Zunächst sollten wir unseren Geist von allen unnötigen Wünschen nach materiellen Gütern befreien. Ferner können wir versuchen, uns nicht immer auf das zu konzentrieren, »was sein sollte«, sondern das, »was ist«, annehmen.

Bedachtsam handeln, das rechte Gleichgewicht zwischen Aktivität und Entspannung finden, nicht zu viel und nicht zu wenig schlafen, essen oder arbeiten, ein einfacheres Leben führen – all das sind Schritte in die richtige Richtung. »Einfach leben« heißt übrigens nicht »ärmlich« und »kärglich« leben. Es heißt unkompliziert und frei von Verwirrung und Chaos leben.

Einfachheit besteht aber auch darin, *innerlich* einfach zu sein.

Wenn man dir zuhört, so sprich;
hört man dir nicht zu, so schweig.
Lass ab von Besserwisserei, von starren Meinungen.
Bleibst du dir selbst treu, hast du alles,
was notwendig ist,
bist du in Einklang mit dem Dao.

ZHUANGZI

Wer zu viel isst, wird irgendwann zu viel Gewicht mit sich herumschleppen müssen. Wer zu viele Dinge ansammelt, wird irgendwann Platzprobleme in seiner Wohnung bekommen. Wer zu viele Gedanken im Kopf hat, wird irgendwann den Überblick verlieren.

Daher verwirft der Weise: das Übergroße,
das Überflüssige, das Übermäßige.

LAOZI

5. Yin und Yang ins Gleichgewicht bringen

Nicht nur *Qi*, die universale Lebensenergie, spielt im chinesischen Denken eine wichtige Rolle – auch die Philosophie von Yin und Yang ist entscheidend. Wer dem Dao folgen will, tut gut daran, sich ein wenig mit diesen polaren Ur-Energien zu beschäftigen.

Vielleicht ist es für den westlichen Menschen anfangs etwas fremd, alle Erscheinungen im Wechselspiel zwischen zwei polaren Kräften zu sehen. Wir sind es eher gewohnt, die Dinge als sich widersprechende Gegensätze zu sehen: Entweder etwas ist schwarz oder es ist weiß, es ist gut oder böse. Sicher – man *kann* diese Sichtweise einnehmen. Es stimmt ja auch wirklich, dass etwas, das schwarz ist, nicht weiß sein kann. Aber diese Sichtweise ist dennoch nur *eine*; sie verstellt den Blick auf eine andere: die der wechselseitigen Bedingung. Natürlich: Etwas liegt im Schatten oder im Licht – und möglicherweise im Halbschatten. Aber ebenso gilt: Gäbe es das Licht nicht, gäbe es auch keinen Schatten. Ein schattenloses Licht ist ebenfalls eine reine Idee – sie muss ohne Beobachter auskommen (der ja einen Schatten werfen würde!).

Sein und Nicht-Sein bedingen einander,
Schwer und Leicht ergänzen einander,
Lang und Kurz gestalten einander,
Hoch und Niedrig bezwingen einander,
Stimme und Klang stützen einander,
Vorher und Nachher folgen einander.

LAOZI

Wenn Sie sich noch nie mit solchen Gedanken beschäftigt haben, werden Sie sich jetzt sicher fragen, was das alles wohl zu bedeuten hat; doch keine Sorge – im Grunde ist das Gesetz von Yin und Yang sehr einfach:

Durch die Beobachtung der Naturphänomene wie Tag und Nacht, Ebbe und Flut usw., entwickelte sich in China eine Kosmologie, die das Zusammenspiel zwischen den polaren Kräften Yin und Yang als grundlegendes universelles Prinzip ansieht. Aus der ursprünglichen Einheit, dem »Dao«, gehen durch Unterscheidung die beiden Pole, Yin und Yang, hervor. Aus Yin und Yang entspringen wiederum die »zehntausend Dinge« – das heißt, die bunte Vielfalt aller Wesen und Erscheinungen.

Es gibt viele solche sich gegenseitig bedingenden Begriffe, die uns das Wirken von Yin und Yang in der Natur deutlich vor Augen führen – Tag und Nacht, Ebbe und Flut, Sommer und Winter, männlich und weiblich usw. Die Daoisten nützten die Einsicht in die wechselseitige Bedingung von Yin und Yang, um ein ausgewogenes Gleichgewicht in ihrem Leben herzustellen.

Um das Männliche wissen,
das Weibliche bewahren:
So wirst du zum Strom der Welt.
Um das Lichte wissen,
das Dunkle bewahren:
So wirst du zum Maß der Welt.

LAOZI

Yin und Yang sind sozusagen »Platzhalter« für verschiedene Aspekte der Natur. Sie trennen – aber in dem Wissen, dass sie auf einer übergeordneten Ebene eins sind.

Die folgende Übersicht zeigt, welche Qualitäten Yin und Yang üblicherweise zugeordnet werden:

Yin	*Yang*	*Taiji (Das Ganze)*
weibliche Energie	männliche Energie	menschliche Energie
Ruhe	Bewegung	Bewegungszustand
Mond	Sonne	Gestirne
Erde	Himmel	Welt
Dunkelheit	Licht	Helligkeit
Nacht	Tag	eine Erdumdrehung
Winter	Sommer	Jahr
kalt	warm	Temperatur
feucht	trocken	Wassergehalt
zusammenziehend	ausdehnend	Richtung

Wie wir sehen, stellt Yang die aktive, männliche Energie dar, während Yin mit der passiven, weiblichen Energie assoziiert wird. Doch was meinen die Daoisten, wenn sie sagen, dass man sich darum kümmern sollte, »Yin und Yang ins Gleichgewicht zu bringen«? Sie sagen damit im Grunde nichts anderes, als dass wir versuchen sollten, in Harmonie zu leben.

Wahrscheinlich kennen Sie das Taiji, das Symbol für Yin und Yang, denn es ist inzwischen auch bei uns weit verbreitet.

Dieses Symbol zeigt das harmonische Gleichgewicht zwischen Yin und Yang auf eine sehr schöne Weise. Die Grundprinzipien lassen sich hier leicht erkennen: Der eine Pol bedingt den anderen – durch das schwarze Yin entsteht das weiße Yang und umgekehrt. Es ist nicht möglich, Yin ohne Yang darzustellen. Zeichnet man nur das Yin, den schwarzen Teil des Symbols, so erscheint Yang, der weiße Teil, von selbst. Beide Pole sind Hintergrund und Form zugleich. Und gemeinsam fügen sie sich ineinander fließend zu einem großen Kreis – der Ganzheit des Dao, der Quelle allen Seins.

Zhuang Zhou träumte einst, er sei ein Schmetterling,
ein bunter Schmetterling. Wie glücklich und zufrieden,
frei zu tun, was ihm beliebte, nichts davon wissend,
dass er Zhuang Zhou sei. Mit einem Mal erwachte er
und war wieder ganz Zhou. Jetzt weiß ich nicht:
träumte Zhou, er sei ein Schmetterling, oder träumte
der Schmetterling, er sei Zhou – und doch besteht
gewiss ein Unterschied zwischen Zhou und einem
Schmetterling. Das ist die Wandlung der Dinge.

ZHUANGZI

Was sagt uns das berühmte »Schmetterlingsgleichnis«? Es wird meist missverstanden und buddhistisch interpretiert: Realität und Traum sind eine Einheit, weil es keinen Unterschied gibt – denn beide sind Illusion. Doch die daoistische Sicht ist eben eine andere: Beide, der Traum und das Wachen, sind real. Sie sind eine Einheit; sie verhalten sich wie Yin und Yang – beide Perspektiven sind ganz und gar gleichwertig, obwohl sie verschieden voneinander sind. Der Daoist lebt in Harmonie, weil er beide Perspektiven einnehmen kann, an keine gebunden ist und die grundlegende Einheit, Dao, im Wechselspiel der Perspektiven erkennt.

Das klingt vielleicht noch ein bisschen abstrakt. Ist es aber in der Praxis gar nicht. In unserem Alltag ist es keine allzu große Kunst, in Harmonie zu leben. Unsere natürlichen Instinkte helfen schließlich dabei, Yin und Yang ins Gleichgewicht zu bringen. Wenn es draußen schneit und die Temperaturen unter null Grad sinken, ziehen wir uns automatisch warm an. Nach einem harten Arbeitstag werden wir am Abend wahrscheinlich müde sein und uns auf unseren wohlverdienten Schlaf freuen. Alles scheint so einfach zu sein, wenn wir unseren natürlichen Impulsen folgen.

Und trotzdem: Wenn wir uns ein wenig umsehen, werden wir feststellen, dass es heute scheinbar doch gar nicht so leicht ist, auf harmonische Weise zu leben. Wir können Urlauber beobachten, die im Süden an den heißesten Tagen des Jahres stundenlang in der Sonne braten – kein Wunder, dass so viel Hitze (Yang) nicht ohne Folgen bleibt (Sonnenbrand, Kopfschmerzen …).

An windigen, kalten Herbsttagen können wir in den Großstädten viele Menschen sehen, die in Straßencafés sitzen und Eis essen und sich dann wundern, wenn sie mit einer Erkältung (Yin) im Bett liegen und mit einer Wärmeflasche (Yang) versuchen müssen, wieder ins Gleichgewicht zu kommen.

Gerade in hochzivilisierten Gegenden sind »Verstöße« gegen die natürliche Harmonie weit verbreitet. Muss man Daoist sein, um zu wissen, dass die Nacht eine gute Zeit zum Schlafen, der Tag hingegen eine gute Zeit zum Handeln ist? Wohl kaum! Dennoch: Wie viele Menschen arbeiten nicht die halbe Nacht vor dem Computer und sind am nächsten Tag vollkommen erschöpft?

Es ist kein Geheimnis, dass ein gesunder Ausgleich zwischen Aktivität (Yang) und Entspannung (Yin) der Natur des Menschen sehr entgegenkommt. Dennoch leben viele im ständigen Stress und arbeiten fast rund um die Uhr (Yang); andere kommen den ganzen Tag nicht aus dem Bett oder vom Sofa hoch (Yin).

Sie sehen: Es fällt vielen Mensch doch gar nicht so leicht, ein gesundes Gleichgewicht zu wahren!

Die Daoisten sagen, dass wir uns nur dann wirklich wohlfühlen und über eine gute Gesundheit verfügen, wenn unsere Lebensenergie ungehindert fließen kann. Und dies wird nur dann der Fall sein, wenn wir Yin und Yang in die richtige Balance bringen. Konkret heißt das, dass wir übertriebene »Yin-Zustände« möglichst ebenso meiden sollten wie extreme »Yang-Zustände«: Zu viel Aktivität, Hektik und Unruhe bringen uns ebenso aus dem Gleichgewicht wie ein Übermaß an Trägheit und Untätigkeit.

Wenn die Zeit für Ruhe gekommen ist, so ruhe;
wenn die Zeit gekommen ist, zu handeln, so handle.

YUN CHI

Unser Leben wird leider nur allzu oft nicht von dieser einfachen Regel bestimmt, sondern von einer kleinen Maschine, die uns sagt, wann wir etwas tun sollen. Sie ist ein Diktator: Jetzt gehst du zur Arbeit, jetzt isst du, jetzt musst du schlafen … Aber diese Maschine ist aus unserem Alltag kaum noch wegzudenken. Nicht viele Menschen können ohne eine Uhr leben.

Ohne Uhr leben – viele von uns haben gar nicht die Möglichkeit, das zu tun. Kein Chef wird sich zufriedengeben, wenn Sie zwei Stunden später zur Arbeit kommen und sagen: »Ich hatte gerade das Gefühl, dass für mich jetzt nicht die rechte Zeit zum Arbeiten ist.«

Doch es gibt viele Gelegenheiten, bei denen wir nicht dem Diktat der Uhr, der Gesellschaft, den Erwartungen gehorchen müssen, sondern einfach dem Dao folgen können. Wenn Sie zu frieren beginnen, dann wärmen Sie sich auf. Wenn Sie Hunger haben, essen Sie. Wenn Sie durstig sind, trinken Sie. Wenn Sie müde sind, so legen Sie sich hin. Und wenn Sie arbeiten möchten, so bringen Sie sich zumindest in die richtige Stimmung.

Das optimale Gleichgewicht zwischen Yin und Yang lässt sich übrigens gut mit dem Stimmen einer Geigensaite vergleichen. Wenn man die Saite zu straff spannt (zu viel Yang), so wird sie reißen; ist die Saite zu lose (zu viel Yin), wird sie keinen befriedigenden Klang erzeugen.

Ganz gleich, was Sie vorhaben – ob Sie einen Berg besteigen, Akten ordnen, ein Bild malen oder ein Buch lesen wollen –, sorgen Sie für die richtige »Stimmung«. Bringen Sie Körper und Seele in einen Zustand, der dem, was Sie tun möchten, angemessen ist. Träumen Sie nicht, wenn Sie arbeiten möchten. Grübeln Sie nicht, wenn Sie sich entspannen wollen. All das sind einfache Möglichkeiten, Yin und Yang ins Gleichgewicht zu bringen und das Dao im Alltag umzusetzen.

Aus dem Dao ging die Eins hervor,
Aus der Eins die Zwei, aus der Zwei die Drei,
Aus der Drei die zehntausend Dinge.
Die zehntausend Dinge, getragen vom Dunkel,
umfangen vom Licht,
vereint durch die allumfassende fließende Kraft.

LAOZI

6. Heiterkeit und Gelassenheit entwickeln

Woran erkennen Sie Meister des Dao? Das ist gar nicht so einfach. Sie könnten Ihnen über den Weg laufen, ohne dass Sie sie überhaupt bemerken. Da sie sich nicht besonders kleiden, sich nicht besonders verhalten (oder so exzentrisch sind, wie andere Verrückte), nicht mit ihrer Weisheit hausieren gehen und eher zurückgezogen leben, ist es wirklich nicht leicht, einen Daoisten zu erkennen. Und doch – es gibt ein untrügliches Zeichen: Die Menschen, die den Weg des Dao gehen, scheinen immer heiter und gelassen zu sein, ganz gleich, was passiert.

Es wandelt der Weise unbeirrt.
Nie verliert er seinen Weg aus dem Blick,
wie unruhig auch die Dinge ringsumher:
Er bleibt ruhig und gelassen.

LAOZI

Die Art und Weise, wie der »Wahre Mensch«, der, der dem Dao folgt, auch in schwierigen Situationen die Nerven behält und selbst in Anbetracht von Schicksalsschlägen seinen Humor nicht verliert, ruft oft Erstaunen hervor. Manchmal vielleicht sogar Unverständnis. Denn was die Menschen doch in der Regel am meisten fürchten, ist der Tod. Aber für einen Daoisten ist auch der Tod ein natürlicher Vorgang.

> *Die wahren Menschen der Vorzeit kannten weder die Lust am Geborensein noch die Furcht vor dem Dahingehen. Gelassen kamen sie, gelassen gingen sie.*
>
> ZHUANGZI

Das ist kein Fatalismus, sondern Ausdruck wirklicher Einheit mit dem Dao – das, was erstens vollkommen selbstverständlich und zweitens unvermeidlich ist, sollte keine Unruhe im Geist hervorbringen. Aber natürlich beweisen sich diese Worte erst, wenn man tatsächlich mit dem Tod konfrontiert ist.

> *Als die Frau von Zhuangzi gestorben war, kam Hui Shi, um sein Beileid auszusprechen, und fand den Meister singend und dazu den Rhythmus auf einer Bratpfanne schlagend. »Du lebtest mit ihr, sie zog deine Kinder groß und ihr seid zusammen alt geworden«, sagte Hui Shi.*

*»Dass du nicht weinst, wo sie starb, ist schon schlimm
genug – doch geht es nicht zu weit, nun auch noch zu
singen und zu trommeln?«* »Ach nein«, sprach Zhuang.
*»Freilich, als sie starb, wie hätte ich den Verlust nicht
spüren können? Doch dann blickte ich zum Ursprung
zurück – noch vor ihre Geburt, noch bevor sie Form
angenommen hatte, noch bevor sie Lebensenergie hatte.
Es entstand eine Bewegung im Unergründlichen, sie
wandelte sich und erzeugte Qi. Das Qi verwandelte sich
und gewann Gestalt. Die Gestalt verwandelte sich und
wurde geboren. Und jetzt trat wiederum eine Verwand-
lung ein, die sie in den Tod führte. Dieses Fortschreiten
ist wie der Lauf der Jahreszeiten, wie Frühling, Sommer,
Herbst und Winter aufeinander folgen. Nun liegt sie
still da und schläft in der großen Kammer. Auch ich
folgte dem Trauerzug weinend und klagend. Doch dann
begriff ich, dass mein Handeln nur zeigte, dass ich
das Schicksal nicht verstanden hatte. Und so ließ ich
davon ab.«*

Und auch der Bericht über das Sterben von Meister
Zhuang selbst weist in dieselbe Richtung.

*Als Zhuangzi im Sterben lag, wollten ihn seine Schüler
prunkvoll bestatten. Doch der Meister sprach:* »Himmel
und Erde sind mein Sarg, Sonne und Mond sind meine
Laternen, die Sterne sind meine Edelsteine, und die

ganze Welt gibt mir das Geleit. So habe ich ein präch-
tiges Begräbnis! Was wollt ihr da schon hinzufügen?«
Die Schüler antworteten: »Wir sorgen uns, dass die
Raben und Geier dich fressen.« Zhuangzi aber sprach:
»Auf dem Feld diene ich den Vögeln zur Nahrung,
beerdigt den Würmern und Ameisen. Soll ich es
den einen fortnehmen, um es den andern zu geben?
Warum jemanden bevorzugen?«

Natürlich kommt solche Gelassenheit nicht aus dem
Nichts. Gelassenheit und Heiterkeit fallen uns nicht einfach in den Schoß; aber sie können gepflegt werden.
Und der erste Schritt besteht dabei in der *Entscheidung*
zu Heiterkeit und Gelassenheit. Sie nehmen es sich einfach vor, heiter und ruhig zu bleiben und sich nicht wie
eine Nussschale auf unruhiger See hin- und herschleu-
dern zu lassen. Das ist der erste Schritt.

Hören wir dazu noch einmal Zhuangzi. Auch hier
können wir den festen Entschluss, sich nicht aus der
Ruhe bringen zu lassen, spüren:

Leben und Tod, Wachsen und Vergehen, Erfolg und
Misserfolg, Armut und Reichtum, Tugend und Laster,
Ehre und Schande, Hunger, Durst, Hitze und Kälte –
sie alle gehören zum Leben jedes Menschen, wechseln
sich immerzu ab und sind nur vom Zufall bestimmt.
Daher sollte man es ihnen nicht gestatten,

die Harmonie des Wesentlichen zu stören.
Ruht der Geist in heiterer Gelassenheit, bleibt er
unberührt von alledem.

Es ist sehr wichtig, innerlich ruhig und gelassen zu bleiben – nicht nur, weil sich das sehr angenehm anfühlt. Ruhe, Gelassenheit und Humor sind die besten Mittel gegen Krankheiten, Nöte und Sorgen aller Art.

Heiterkeit und Gelassenheit sind die zwei bedeutendsten Fähigkeiten, die uns helfen, unsere Lebensenergie zu bewahren. Und wie wir inzwischen wissen: Wer seine Lebensenergie bewahrt, gewinnt an Vitalität, schützt seine Gesundheit und seine Nerven und verlängert seine Lebensspanne.

Heiterkeit und Gelassenheit sind bessere Heilmittel als Jogging und Diät! Ist der Geist klar und die Seele heiter, wird auch der Körper harmonisch arbeiten.

Warum werden Gesundheitsapostel und fanatische Sportler, die sich nach den neuesten Erkenntnissen der Ernährungswissenschaften richten, Vitaminpräparate schlucken und jegliche echte oder vermeintliche Gefahr meiden, auch nicht viel seltener krank als andere? Und warum leben manche, die täglich ihre Zigarre rauchen, ihr Schnäpschen trinken und nie einen Turnschuh am Fuß hatten, weit über 100 Jahre, ohne dabei auch nur eine Erkältung zu bekommen?

Ganz einfach deshalb, weil das Äußere, das Materielle, die Physiologie eben nicht alles ist!

Freilich ist es richtig, den Körper ein wenig zu pflegen und ihn umsichtig zu behandeln. Natürlich tut es uns gut, wenn wir uns regelmäßig bewegen und nicht acht Stunden im Büro und danach sechs Stunden vor dem Fernseher hocken. Selbstverständlich ist es richtig, dass Obst gesünder als Nikotin ist. Doch viel wichtiger ist es, den Geist zu pflegen und die innere Einstellung zu kultivieren, um seelischen Stress zu vermeiden!

> *Indem du eine heitere Gemütsruhe pflegst,*
> *wirst du dich von übermäßigen Emotionen befreien.*
> *Befreist du dich von übermäßigen Emotionen,*
> *wird sich dein Geist nicht verwirren. Bleibt dein*
> *Geist unverwirrt, wirst du dein wahres Wesen*
> *erkennen und Frieden tritt ein.*
> *Da nun aber heitere Gelassenheit Harmonie*
> *erzeugt, ist sie das beste Mittel gegen Krankheiten*
> *von Leib und Seele.*
>
> CHEN ZI

Um Heiterkeit und Gelassenheit zu entwickeln, müssen Sie das natürlich erstens tatsächlich wollen. So selbstverständlich, wie es klingt, ist das nicht: Oft ziehen Menschen eine Art Befriedigung aus dem »Kick«, sich aufzuregen, sich um alles Mögliche zu sorgen, ihre Meinungen heftig zu verteidigen … Diese Aufregungen bewirken einen Adrenalinstoß – und das gaukelt uns vor, dass sich etwas in unserem Leben tut. Traurig, wenn wir nur dann spüren, dass wir wirklich leben. Und doch sollte die Entscheidung leichtfallen, wenn wir etwas genauer achtgeben: Heiterkeit und Gelassenheit putschen uns zwar nicht auf, aber sie öffnen uns die Augen für das, was wesentlich ist, und lassen uns zu unserem wirklichen Leben erwachen.

Der zweite Schritt ist Übung. Wenn wir noch nicht gelassen sind, müssen wir eine neue Gewohnheit bilden. Das ist gar nicht so schwer; denn jedes Mal, wenn wir erfolgreich gelassen und heiter reagieren, können wir spüren, wie gut uns das tut. Sie müssen dazu nur ein wenig achtsam sein und immer wieder einmal daran denken: Wenn Ihr Chef Sie geärgert hat, wenn Sie einen unangenehmen Menschen am Telefon haben – bleiben Sie gelassen. Wenn Sie plötzlich merken, dass Sie mit einem griesgrämigen Gesicht durch die Gegend laufen – lächeln Sie und versuchen Sie, sich selbst nicht zu ernst zu nehmen.

Die eigentliche Natur des Menschen entwickelt sich,
wenn tiefe Gelassenheit und Leichtigkeit herrschen.
Die Wahre Kraft entwickelt sich,
wenn Heiterkeit, Offenheit und Selbstlosigkeit
herrschen.
Lass dein Inneres nicht vom Äußeren verwirren,
so findest du zu deinem natürlichen Wesen zurück.

HUAINANZI

7. Der Natur folgen

Die Daoisten lebten in Einklang mit der Natur. Sie wanderten in den Bergen und durch die Wälder, und sie beobachteten die Geschehnisse in der Natur sehr genau. Dabei erkannten sie ein alles durchdringendes Prinzip, eine Art kosmische Intelligenz, die allem Sein zugrunde liegt – das Dao. »Dao« wird unter anderem als »der Weg des Himmels« oder »der Weg der Natur« übersetzt, was keine schlechte Übersetzung ist, da die Natur im Daoismus tatsächlich eine wichtige Rolle spielt.

> *Die Natur schenkt Leben und nimmt es.*
> *Sie bewirkt den Ablauf der Zeit,*
> *Kommen und Gehen,*
> *Blühen und Verwelken,*
> *Aufsteigen und Niedersinken.*
> *Im Menschen offenbart sie sich*
> *als Energie, als Aktivität und Bewusstsein.*
>
> LÜ YANG

Jeder von uns ist ein Teil der Natur. Die Energien der Natur haben uns hervorgebracht, ohne sie könnten wir keine Minute überleben. Die Natur wirkt ununterbrochen in unserem Organismus, sie lässt unser Herz schlagen, unser Blut zirkulieren, lässt uns von unserer Geburt an ein- und ausatmen.

Natürlich haben viele Menschen sich heute sehr weit von ihrem natürlichen Ursprung entfernt. Die Zivilisation, die Technik, der Komfort – all das sind Faktoren, die es uns schwer machen, die Verbindung zur Natur noch hautnah zu spüren. Wer tagein, tagaus viel zu viele Stunden im Büro arbeitet, anschließend mit dem Auto nach Hause fährt, sein Essen aus der Mikrowelle holt und das Wochenende vor dem Fernseher sitzt, der wird sich nach einigen Jahren wohl kaum noch wie ein lebendiger Mensch fühlen, sondern eher wie ein Roboter.

Wer dem Dao folgt, ist kein Roboter. Er ist sich bewusst, dass er ein lebendiger Teil der Natur ist.

Der Geist gehört dem Himmel an, der Körper gehört der Erde an.

HUAINANZI

Wir beziehen unsere geistigen Energien, unsere Eingebungen, unsere Intuition, neue Ideen, Kreativität usw. aus den Quellen des Himmels. Und so wie unser Geist seine Energie aus dem Himmel bezieht, bezieht unser Körper seine Nahrung aus der Erde. Ohne die Fruchtbarkeit der Erde und die Energie des Himmels hätte sich kein Leben entwickeln können.

Es ist noch gar nicht lange her, da lebten die Menschen noch sehr eng mit der Natur verbunden. Und auch heute weiß jeder Landwirt, dass es Zeiten zum Säen und Zeiten für die Ernte gibt. Alljährlich können wir die Rhythmen der Natur beobachten. Im Winter zieht sich die Energie zurück, im Frühling erwacht sie aufs Neue: Die Pflanzen beginnen zu wachsen und Knospen zu treiben.

Das Zusammenwirken von Yin und Yang, von Erde und Himmel, von empfangender und schöpferischer Energie bringt die »zehntausend Dinge« hervor – die Ozeane, Flüsse, Berge, die unterschiedlichen Landschaften und die Vielzahl der Lebewesen, zu denen auch wir selbst gehören.

Der Mensch folgt der Erde,
die Erde dem Himmel,
der Himmel dem Dao,
das Dao sich selbst.

LAOZI

Was heißt das? Das Dao ist der Ursprung – er kann für sich selbst sorgen; durch die Energie des Himmels, durch Sonne und Regen, wird die Erde fruchtbar, und so folgt die Erde dem Himmel. Durch die Gaben der Erde, die Nahrung, kann der Mensch überleben, und so folgt der Mensch der Erde.

Das war für die Daoisten selbstverständlich. Heute ist es anders. Der Mensch scheint für sich selbst sorgen zu können und glaubt, er müsste weder dem Himmel, der Erde noch der Natur folgen. Dieser Größenwahn hat erschreckende Folgen. Die Unabhängigkeit des Menschen ist eine fatale Illusion. Mit jeder Tier- und Pflanzenart, die der Mensch ausrottet, schadet er sich selbst – denn alles ist mit allem verbunden. Selbst wenn alle Nahrung synthetisch hergestellt würde, selbst wenn unsere Atemluft künstlich gewonnen würde – unser Organismus ist nun mal kein unabhängiges Einzelwesen, sondern lebt in Symbiose mit unzähligen Bakterien, die beispielsweise unsere Verdauungsprozesse unterstützen und uns Stoffe zur Verfügung stellen, die unser Körper nicht allein herstellen kann.

Ob es uns nun bewusst ist oder nicht: Wir sind ein Teil der Natur und jede Entfernung davon ist eine Entfernung von unserem wahren Menschsein. Wir können sehr viel lernen, wenn wir dem »Weg der Natur« folgen.

Achtet den Lauf der Natur. Lasst euch leiten
von der Weisheit der Natur.

CHEN ZI

Viele der daoistischen Geheimnisse gründen in der Haltung der Naturverbundenheit, ja mehr, der Einheit mit dem natürlichen Geschehen. Wir haben gesehen, wie wichtig es ist, die Lebensenergie zu bewahren, Yin und Yang ins Gleichgewicht zu bringen und Überflüssiges zu vermeiden – alle diese Prinzipien hängen sehr eng mit den Gesetzen der Natur zusammen.

Um das Dao zu leben, ist es nicht nötig, bestimmte Regeln oder Vorschriften einzuhalten. Die »Gesetze der Natur« sind nicht vergleichbar mit denen unserer Gesetzesbücher. Niemand wird Sie »bestrafen«, wenn Sie sich nicht um die Rhythmen der Natur kümmern. Wer sollte Sie auch strafen? Die Natur ist kein Polizist und kein Richter. Sie wirkt in ihrer eigenen Weise. Sie können sich dafür öffnen oder sich verschließen. Natürlich wird es andere Folgen haben, wenn Sie *mit* der Natur leben, als wenn Sie *gegen* sie leben. Doch mit Belohnung oder Strafe hat das nichts zu tun.

Aus daoistischer Sicht ist es auf jeden Fall sinnvoll, den natürlichen Weg zu gehen. Der erste Schritt dazu ist, die ursprüngliche (oder zumindest dem Ursprünglichen etwas nähere) Natur kennenzulernen: Wenn möglich, sollten Sie regelmäßig in die Natur hinausgehen. Wandern Sie durch die Berge, fahren Sie ans Meer oder gehen Sie im Wald spazieren. In der Natur können Sie zur Ruhe kommen und Energie tanken. Außerdem können Sie sich die verborgenen Kräfte der Natur aneignen.

Erkenne das Geheimnis des Himmels, erkenne das Geheimnis der Erde. Hast du das Geheimnis des Himmels geschaut, kannst du dem Weg des Himmels folgen, dir seine Weite und Ursprünglichkeit zu eigen

machine, dich von Zwang befreien und absichtslos
handeln. Hast du das Geheimnis der Erde erfasst,
kannst du ihre Kraft nutzen und dir ihre Festigkeit und
Stärke zu eigen machen. Hast du das Gesetz der Natur
erkannt, kennst du das Geheimnis von Ursache
und Wirkung: So kannst du die Zukunft erkennen,
bevor die Dinge geschehen.

YUN CHI

Wenn Sie die Phänomene der Natur, wenn Sie die Sterne, den Sonnenuntergang, die Blumen, die Vögel, die Wolken beobachten, so sollten Sie das nicht so sehr mit dem Verstand als vielmehr mit Ihrem Herzen tun. Es ist schön, wenn Sie die Namen aller Vögel, Insekten und Bäume wissen, wenn Sie Sterne und Wolkenformationen benennen können – doch ihr Wesen zu kennen ist wichtiger, als ihre Namen zu wissen. Es geht nicht darum, zu analysieren, sondern darum, zu verstehen.

Daoisten sind keine »Naturwissenschaftler«. Sie gleichen viel eher Poeten und Lebenskünstlern, die lächelnd an einem Flussufer sitzen, die Wolken beobachten und sich selbst vergessen. Ohne Anstrengung und ohne Kampf gleichen die Menschen, die dem Dao folgen, ihren eigenen Rhythmus dem des Universums an. Dabei vereinen sie die Qualitäten des Himmels und der Erde in sich. Die Qualitäten des Himmels sind Weite, Klarheit, Offenheit und Freiheit; die der Erde Stabilität, Vertrauen, Dauer, Kraft und Frieden.

Der Himmel strahlt Offenheit und Klarheit aus,
die Erde Dauer und Frieden.
Jene, denen diese Eigenschaften fehlen,
sind dem Tode geweiht.
Jene, die diese Eigenschaften pflegen,
unsterblich.

HUAINANZI

8. Im Fluss bleiben

Das Wesen der Menschen, die dem Dao folgen, gleicht einem unendlichen Fluss: Sie fragen nicht, woher sie kommen, sie fragen nicht, wohin sie gehen; sie wahren ihre innere Harmonie und erneuern sich in jedem Augenblick. Ohne Widerstand zu leisten zeigen sie Stärke; ohne vom Ziel zu wissen, folgen sie ihrem eigenen Weg; nichts kann sie aus der Ruhe bringen; nichts kann ihre Bewegung aufhalten.

Seit je symbolisiert der Fluss Bewegung und Lebendigkeit. Lebendig können wir aber nur sein, wenn wir uns den ständigen Veränderungen, mit denen wir es zu tun haben, anpassen, wenn wir also mit dem natürlichen Lauf der Dinge »fließen«, statt dagegen anzukämpfen.

Zeitlebens kultivieren Daoisten Wachheit, Offenheit und Lebendigkeit. Sie vertrauen sich dem Fluss des Lebens an. Ist es da ein Wunder, dass sie auch in hohem

Alter noch jung, vital und voller Energien sind? Der gewöhnliche Mensch hingegen neigt dazu, sich im Älterwerden zu verfestigen. Eingefahrene Ansichten und starre Verhaltensweisen schränken die geistige und körperliche Flexibilität immer mehr ein. Wen wundert es, dass die Lebensenergie dann ins Stocken gerät und der Zerfall immer schneller voranschreitet?

> *Schwach und biegsam ist der Mensch,*
> *wenn er geboren wird,*
> *starr und hart ist er, wenn er stirbt.*
> *Schwach und biegsam sind Gras und Baum,*
> *wenn sie jung sind,*
> *starr und hart, wenn sie sterben.*
> *So sind also Härte und Starrheit*
> *Gefährten des Todes;*
> *Schwäche und Biegsamkeit*
> *Gefährten des Lebens.*
>
> LAOZI

Fließen ist die natürliche Eigenschaft des Lebens. Festhalten ist eine Eigenschaft des menschlichen Ego, das auf Sicherheit bedacht ist. Doch tatsächlich ist Sicherheit eine Illusion. Besser gesagt, es ist ein Irrtum zu glauben, dass Sicherheit entsteht, wenn wir »alles im Griff haben«. Was haben wir schon wirklich im Griff? Im Grunde können wir weder andere Menschen noch unseren Besitz, unseren Job festhalten, ja nicht einmal unser eigenes Leben.

»Im Fluss bleiben« bedeutet »loslassen«. Daoisten genießen ihr Leben, indem sie sich ihm anvertrauen. Sie haben sich von dem Gedanken verabschiedet, alles kontrollieren zu müssen. Sie haben den Mut aufgebracht, die ängstlichen Bedürfnisse ihres Ego abzulegen.

Wer in dieser Weise den Weg des Dao beschreitet, erkennt schnell, dass jeder Moment vollkommen einmalig und neu ist. Das Leben gleicht dann einer Symphonie, die vom ersten bis zum letzten Takt in ständiger Bewegung bleibt. Immer wieder entstehen dabei neue Melodien, neue Rhythmen, neue Stimmungen. Und doch hängt alles miteinander zusammen, denn jeder Takt ergibt sich aus dem vorigen und bereitet wiederum den folgenden vor. Die daoistische Art, das Leben zu genießen, besteht darin, sich äußerlich mit dem Strom treiben zu lassen und durch alle Höhen und Tiefen zu gehen, innerlich jedoch zentriert und gelassen zu bleiben.

Passe dich äußerlich dem Strom an,
doch bleibe dir innerlich treu.
So werden deine Augen und Ohren nicht gereizt,
deine Gedanken nicht verwirrt.
So dehnt dein Geist sich aus
und durchstreift das Reich der vollkommenen Klarheit.

HUAINANZI

Wenn ein Betrunkener fällt, verletzt er sich nur selten schwer. Die Trunkenheit hat seinen Körper entspannt und seinen Geist von den Fesseln des festhaltenden Bewusstseins gelöst. Da er keinerlei Widerstand leistet, fällt er weich. Was aber schon der Wein vermag, um wie viel mehr vermag dies das Dao …

Loslassen, sich anvertrauen, ohne Widerstand, ohne Kampf leben und dabei im Gegensatz zum Trunkenen einen wachen, klaren Kopf und ein ruhiges Gemüt bewahren – das ist das Geheimnis der daoistischen Weisen.

Man kann den Weg des Dao auch als »die Weisheit des fließenden Lebens« übersetzen – viele alte Texte legen dies nahe. Zhuangzi nannte den Weg des Daoismus den »Wahren Weg des Nicht-Widerstrebens«.

Sind die Gedanken, der Wille und die Lebensenergie ruhig und still, dann bringen sie täglich mehr und mehr Erfüllung und Kraft. Sind sie aber erregt, dann erschöpfen sie sich schnell und lassen dich altern. Aus diesem Grund nähren die Weisen ihre Energie, indem sie im Fluss bleiben und ihren Körper geschmeidig halten. Nur wer im Fluss bleibt, kann dem ständigen Wandel aller Dinge folgen und sich den Wandlungen der Erscheinungen angleichen. Das Lebendige ist geschmeidig und weich, das Tote starr und hart …

WENZI

In vielen Aspekten ähnelt das Geheimnis »im Fluss zu bleiben« dem ersten der 10 Dao-Geheimnisse: »Nicht kämpfen, sich nicht anstrengen.« Laozi nannte das Wesen der weisen Menschen *wie das Wasser – ohne Kampf, ohne Leid.* Und er sagte auch: *»Das Weichste in der Welt, es überwindet das Härteste ...«*

Wer sich den Gegebenheiten anpasst, pflegt seine Beweglichkeit und seine Flexibilität. Diese Art der Anpassung hat nichts mit Schwäche zu tun. Den Daoisten geht es nicht darum, sich gesellschaftlichen Normen anzupassen, sondern darum, sich dem Strom des Lebens und dem Weg des Himmels anzugleichen – das eine hat mit dem anderen nicht das Geringste zu tun! Ganz im Gegenteil: Es erfordert eine besondere Kraft, im Fluss zu bleiben:

Nur wenn es uns gelingt, das Vergangene loszulassen, sei es auch noch so schön gewesen, können wir offen genug sein, unser Augenmerk auf den lebendigen Augenblick zu richten. Auch sollten wir bereit sein, unsere Meinungen und Ansichten öfter einmal loszulassen und die Welt immer wieder mit neuen Augen zu sehen.

Solange der Ablauf unseres Lebens sich in etwa mit unseren Vorstellungen deckt, ist es noch relativ einfach, auf dem »Wahren Weg des Nicht-Widerstrebens« zu wandeln. Schwierig wird es, wenn plötzlich unangenehme Dinge geschehen, wenn wir beispielsweise von einem Menschen verlassen werden, den wir lieben, oder wenn wir auf einmal schwer erkranken. So wohltuend es in solchen Momenten wäre, loszulassen und zu vertrauen, so schwierig ist es leider auch, wenn wir es nicht gewohnt sind, loszulassen.

»Im Fluss bleiben« heißt, sich jederzeit der Kraft seines Wesens bewusst zu bleiben, um nicht an äußeren Umständen zu zerbrechen. Das ist es auch, was Laozi meint, wenn er schreibt: »*Im Unterwerfen sich ganz bewahren, im Sich-Beugen gerade halten ...*«

Wer es lernt, sich dem Fluss des Lebens lächelnd anzuvertrauen, unterstützt dadurch die Entfaltung aller anderen daoistischen Eigenschaften. »Im Fluss bleiben« hilft etwa dabei, ohne Kampf und Anstrengung zu leben, Yin und Yang auszugleichen, seine Lebensenergie zu bewahren oder Heiterkeit und Gelassenheit zu entwickeln.

> *Die Weisen der alten Zeit nahmen willig an,*
> *was das Leben ihnen gab. Ohne Sorgen sahen sie*
> *dem Ende entgegen. Das ist es, was »dem Dao*
> *nicht widerstreben und den Weg des Himmels nicht*
> *durch den Willen des Menschen ersetzen«*
> *genannt wird. Das ist die Eigenschaft der Weisen.*
> *Der Geist des Wahren Menschen ist frei,*
> *seine Haltung ruhig, seine Ausstrahlung heiter.*
>
> ZHUANGZI

9. Die Energie des Atems nutzen

Die Chinesen gehörten zu den Ersten, die die Bedeutung des Atems für die spirituelle Entwicklung erkannten. Ebenso wie im Yoga spielt die Kultivierung des Atems auch in vielen daoistischen Praktiken eine bedeutende Rolle. Wir werden später noch auf ein paar solcher Praktiken zu sprechen kommen.

Der Atem ist Ausdruck des Lebens. Jeder weiß, dass wir nur wenige Minuten leben können, ohne zu atmen. Doch darüber hinaus beobachteten die Daoisten auch, dass wir umso lebendiger sind, je freier und entspannter unser Atem strömen kann.

> *Beim Ausatmen berührst du das Wesen des Himmels –*
> *es entstehen Weite und Offenheit.*
> *Beim Einatmen berührst du das Wesen der Erde –*
> *es entstehen Stabilität und Festigkeit.*
> *Das Ausatmen gleicht der Geschmeidigkeit des*
> *goldenen Drachen,*
> *das Einatmen gleicht der Kraft des weißen Tigers.*
>
> ZHANG SANFENG

Wie soll man »im Fluss bleiben«, wie soll man »die Lebensenergie bewahren« und wie »Yin und Yang ins Gleichgewicht bringen«, wenn der Atem nicht ruhig fließt? Die Menschen, die dem Daoismus folgen, erkennt man nicht nur an ihrem heiteren, gelassenen Wesen, sondern auch daran, dass ihr Atem voller Kraft, Ruhe und Tiefe ist.

Die Weisen der alten Zeit schliefen ohne Träume,
erwachten ohne Ängste und aßen ohne Gier.
Die reinen Menschen atmeten tief. Ihr Atem kam nicht
aus den Kehlen, wie der gewöhnlicher Menschen –
ihr Atem strömte aus ihrem tiefsten Inneren.

ZHUANGZI

Auf dem Weg des Dao wird der Atem genutzt, um Gemütsruhe und geistige Klarheit zu pflegen. Die Daoisten wussten, dass der Atem eng mit den Emotionen verbunden ist. Angst, Gier, Hass oder Leidenschaft – alle diese Zustände verändern den Atem, lassen ihn eng und schnell werden. Auf der anderen Seite atmet der Mensch, der gelassen und wach in seiner Mitte ruht, tief und gleichmäßig. Der »Trick« der Daoisten besteht nun darin, den Atem ruhig und tief werden zu lassen und dadurch indirekt die Gemütsverfassung zu harmonisieren.

Grundsätzlich gibt es zwei Möglichkeiten, mit dem Atem zu »arbeiten«. Eigentlich ist es ganz undaoistisch, Begriffe wie »Atem*arbeit*« oder »Körper*arbeit*« zu benutzen. Daoisten finden es unnötig, dem Schönen und Angenehmen einen Hauch von »Ernst« und »Seriosität« zu verleihen und sich nach außen hin für das Sinnvolle, das man tut, zu rechtfertigen. Wir sagen also besser: Es gibt zwei Arten, den Atem zu *pflegen.*

Im Taijiquan, der daoistischen Kampfkunst, sollte der Atem frei fließen – die harmonische Bewegung lässt den Atem von selbst tief und natürlich werden. Im Qi Gong und insbesondere bei der »Inneren Alchemie« wird der Atem jedoch teilweise bewusst gelenkt. Gleichzeitig werden oft auch Visualisierungen eingesetzt, um die Lebensenergie anzuregen und Blockaden zu beseitigen.

> *Tief aus- und einatmen mit offenem Mund, den alten Atem vertreiben und neuen speichern, sich wie ein Bär ausstrecken und den Hals wie ein Vogel recken – das ist die Kunst der Lebenserhaltung, die jene pflegen, die durch die Atemkunst ihre Gesundheit erhalten und das Alter von Peng-Qi* [ein daoistischer Einsiedler, der nahezu 200 Jahre alt geworden sein soll] *erreichen wollen.*
>
> ZHUANGZI

Zhuangzi macht sich über die übertriebene Kontrolle des Atems ein wenig lustig. Und abgesehen von ein paar speziellen Techniken beschränkt sich die daoistische Art und Weise, mit dem Atem umzugehen, darauf, ihn »geschehen« zu lassen.

> *Lass deinen wahren Atem sanft und beständig kommen und gehen.*

Atme, als würdest du atmen ohne zu atmen.
Kultiviere den Atem, bis er sanft wie eine fast
unmerkliche Brise ist.
Vereine dein Bewusstsein mit deinem Atem.
Auf diese Weise wird dein Geist befreit.

ZHANG SANFENG

Die Kunst besteht also darin, den Atem kommen und gehen zu lassen, ihn zwar wach zu beobachten, ihn jedoch nicht zu beeinflussen. Mit der Zeit wird der Atem ganz von selbst ruhig werden. Der Atem beeinflusst den Geist – der Geist beeinflusst den Atem. Die Daoisten nutzten die Beruhigung des Geistes, um den Atem zu besänftigen und gleichzeitig ließen sie die Bewegung des Ein- und Ausatmens allmählich immer mehr zur Ruhe kommen, um die Gedanken und Emotionen zu besänftigen.

Harmonisiere den Atem,
indem du den Geist zur Ruhe bringst.
Bringe den Geist zur Ruhe,
indem du den Atem harmonisch fließen lässt.

WANG CHE

Strömt der Atem ruhig und ungehindert, wird unser Geist von selbst klar und friedvoll. Atmen wir tief und ruhig, sammeln wir dadurch auch *Qi*. In China sagt man, dass jeder Mensch für sein Leben nur eine bestimmte Anzahl von Atemzügen mit auf den Weg bekommen hat: Wer sich von Stress, Sorgen, Ängsten und starken Begierden bestimmen lässt, atmet hastig und flach – und verbraucht seine Energie viel zu schnell. Wer hingegen in allen Dingen Gelassenheit bewahrt, gesammelt und mit heiterem Herzen durchs Leben schreitet, der bewahrt seine Lebensenergie, pflegt seine Gesundheit und erhält seine Jugend bis ins hohe Alter.

> *Ohne Geschäftigkeit, eins mit dem einen:*
> *kann sich der Geist da noch zerstreuen?*
> *Den Atem sammeln, beweglich und biegsam:*
> *kann da nicht das Kindsein wiederkehren?*
>
> LAOZI

10. Zur Quelle zurückkehren

Der Weg des Dao wird auch als »Weg der großen Befreiung« bezeichnet. Doch wovon wollen sich jene befreien, die den Weg des Dao gehen? Von allem, was belastet und unglücklich macht!

Die alten Meister des Dao erkannten, dass wir nur dann glücklich sein können, wenn wir lernen, uns ganz und gar auf das Wesentliche zu konzentrieren. Sorgen, Zukunftsängste, Grübelei, Leistungsdenken, Ehrgeiz,

Geltungsdrang, Konkurrenzdenken, Pessimismus, Eifersucht, Neid, Gier – kurzum, belastende und einschränkende Gefühle und Gedanken jeder Art stehen uns dabei im Wege. Sie sind Hindernisse, die uns die Sicht auf unser eigenes Wesen verbauen.

Das Wesentliche, das es auf dem daoistischen Weg zu entdecken gilt, ist unser eigener Geist. Den »Geist«, von dem im Daoismus die Rede ist, sollten wir nicht mit dem Gehirn, dem Mentalen oder der Struktur unserer Gedanken verwechseln. Er ist viel mehr als das, er umfasst unser gesamtes Bewusstsein und auch das, was wir Unterbewusstes nennen. Er bildet die Essenz unseres seelischen Lebens.

> *Das Wesen des Geistes ist rein, das Wesen*
> *des Geistes ist ruhig.*
> *Offenheit, Weite und Freiheit entsprechen*
> *dem Wesen des Geistes.*
> *Den Geist kultivieren bedeutet, ihn in seinem*
> *ursprünglichen Zustand bewahren:*
> *frisch und klar wie das Wasser eines Bergsees,*
> *friedvoll und ruhig wie ein tiefes Tal,*
> *frei von jeglichem Lärm,*
> *weit wie der Himmelsraum,*
> *grenzenlos in seiner Ausdehnung.*
>
> LÜ YANG

Um das Wesen unseres Geistes zu erfassen, ist es nötig, sämtliche belastende Gedanken oder negative Emotionen hinter uns zu lassen. Im Fernen Osten fand man schon vor Jahrtausenden ein ideales Mittel, das dabei sehr hilfreich ist – die Meditation. Die Meditation steht im Mittelpunkt vieler spiritueller Schulen. Nicht nur im Daoismus und seinen Übungswegen Taijiquan oder Qi Gong, sondern ebenso im Zen-Buddhismus oder im Yoga geht es immer darum, die Meditation in ihrer stillen oder dynamischen Weise zu kultivieren.

Wenn Daoisten von der »Rückkehr zur Quelle« sprechen, meinen sie damit, einen Zustand der Leere, der tiefsten Ruhe und des absoluten Friedens zu erreichen. Diese Leere ist die ursprüngliche Quelle, aus der alle Wesen ihre Energie beziehen, aus der alles Leben entsteht und in die alles Leben mündet.

So vielfältig die zehntausend Dinge auch sind,
ein jedes kehrt zurück zum Ursprung.
Zum Ursprung zurückkehren heißt,
vollkommenen Einklang finden.
Vollkommenen Einklang finden heißt,
seine Bestimmung erkennen.
Seine Bestimmung erkennen heißt,
Unsterblichkeit erlangen.
Unsterblichkeit erlangen heißt,
wahre Einsicht gewinnen.

LAOZI

»Zum Ursprung zurückzukehren« heißt nichts anderes, als den Geist zur Ruhe kommen zu lassen und den Lärm der Welt zu vergessen. Der Daoismus hat eine sehr natürliche Form der Meditation kultiviert. Sie ist so wirkungsvoll und wohltuend, dass wir ihr ein ganzes Kapitel widmen wollen. An dieser Stelle soll es genügen, zu erwähnen, dass der Höhepunkt der daoistischen Kunst tatsächlich darin besteht, »an die Quelle zurückzukehren«, das heißt, eine meditative Verfassung zu erzeugen.

Nur in diesem Zustand ist es möglich, zu erkennen, dass es für uns überhaupt nichts zu »erreichen« gibt. Alles ist so vollkommen in Ordnung, wie es ist. Wir sind ein lebendiger Teil des Universums. Wie und wohin auch immer sich das Universum entwickelt – wir können uns vollkommen geborgen fühlen.

Durch Meditation erkennen wir, dass wir keine Wesen sind, die durch einen Sack aus Haut vom Rest der Welt getrennt sind. Indem wir unser Bewusstsein ausdehnen, dehnen wir unsere Grenzen und Begrenzungen aus, gehen über uns selbst hinaus. Und diese völlig neue Perspektive fühlt sich sehr befreiend und gut an.

Sie können die 10 Geheimnisse des Dao erforschen, um sich besser zu entspannen, Ihr Leben zu genießen, Stress abzubauen oder für Ihre Aufgaben mehr Energie zur Verfügung zu haben. Es ist vollkommen in Ordnung, »daoistische Tricks« anzuwenden, um besser mit dem Alltag zurechtzukommen und sich rundum wohler zu fühlen. Aber vor allem: Lassen Sie keinen Übereifer von Ihnen Besitz ergreifen.

Darüber hinaus besteht jedoch auch die Möglichkeit, die Geheimnisse der daoistischen Lebensweise anzuwenden, um den tieferen Sinn Ihres Daseins zu ergründen. Erst wenn Sie ein reales »Gefühl« dafür bekommen, dass Sie tatsächlich ein Teil des Ganzen sind, werden Sie verstehen, worauf die außergewöhnliche Heiterkeit und Gelassenheit der Daoisten gründet. Und noch besser: Sie können diese Heiterkeit und Gelassenheit in sich selbst kultivieren.

Sie können »Einssein« nicht herbeiführen – Sie können es nur erkennen, denn es ist sowieso längst Wirklichkeit. Das Einzige, was Sie an dieser Erkenntnis hindert, ist das Ego, das Sie glauben machen will, sie seien wirklich und tatsächlich von der Welt getrennt. Es gaukelt Ihnen vor, dass es zwei Orte gäbe: Sie selbst auf der einen Seite – und die Welt auf der anderen. Sie sehen aus sich selbst hinaus in diese Welt.

Nun ist diese Perspektive ja durchaus möglich. Sie ist nicht falsch – aber sie ist eben nicht die einzige, sondern nur eine unter mehreren. Wer sie zu seiner alleinigen Perspektive macht, gleicht einem Sonderling, der sein Haus nie verlässt und glaubt, das sei die einzig mögliche Weise zu leben. Er sehnt sich nach den Dingen dort draußen, vor seinem Fenster. Doch er glaubt sich in seinem Haus gefangen und starrt voll Sehnsucht nach draußen.

Das »Ich« sucht ständig im Außen nach Befriedigung

und Erfüllung und bleibt dabei doch immer in sich selbst gefangen. Es hofft, die Befreiung in der Welt zu finden, obwohl es nicht in die Welt ein- und aus sich selbst heraustritt. Die daoistische Meditation kehrt die Richtung des Bewusstseins um. Sie lässt Sie erst einmal nach innen, statt nach außen schauen.

> *Diejenigen, die das Dao im Äußeren suchen,*
> *verlieren es auch im Inneren.*
> *Diejenigen, die das Dao im Inneren bewahren,*
> *erlangen es auch im Äußeren.*
>
> HUAINANZI

Der Dao-Weg zur Entspannung

Der erste Schritt auf dem Weg des Dao besteht darin, erst einmal loszulassen und sich gründlich zu entspannen. Eine entspannte Haltung ist einerseits die wichtigste Voraussetzung für eine daoistische Lebensweise; andererseits ist das Gefühl der Entspannung auch eine der ersten spürbaren Wirkungen, die eintreten, wenn wir beginnen, daoistische Prinzipien im Alltag zu leben.

Sind nicht viele Menschen mehr oder weniger verkrampft, ständig angespannt, immer unter Druck? Vielleicht ist das ein Symptom unserer Zeit. Die Macht der »zehntausend Dinge«, die vielen Reize und Verlockungen, die Medien, der Stress, die tägliche Hektik, die Anforderungen im Beruf, die Flut an Informationen – sie alle dienen nicht der Entspannung. Und Stress wirkt sich natürlich auch nicht gerade günstig auf Körper und Seele aus. Heitere und entspannte Menschen waren wohl schon immer eine Minderheit; aber heute bilden sie gewiss die große Ausnahme.

Die Weisen der Alten Zeit, heißt es in den daoistischen Schriften, lebten vollkommen entspannt und gelöst. Da sie keine Widerstände gegen das Leben aufbauten, war ihr Körper geschmeidig. Da sie nicht Ruhm und Ehre hinterherjagten, konnten sie Gelassenheit und Heiterkeit bewahren. Sie ließen sich nicht auf die Geschäftigkeit der Welt ein, und so vermieden sie es, Körper und Geist übermäßig zu belasten.

Wird der Körper überanstrengt,
ohne dass er ruhen kann,
wird er zusammenbrechen.
Belasten zu viele Gedanken den Geist,
tritt Erschöpfung ein.
Da der Wahre Mensch Körper und Geist schätzt,
wagt er es nicht, maßlos zu sein.

HUAINANZI

Entspannung ist nicht »machbar«

Wahrscheinlich wissen Sie, wie unangenehm es sich anfühlt, körperlich angespannt zu sein, oder wie nervenaufreibend es sein kann, wenn einem Tausende von unruhigen Gedanken durch den Kopf schwirren. Wie wohltuend wäre es doch, abschalten und sich richtig tief entspannen zu können. Doch leider gibt es hier ein Problem: Entspannung kann man nicht »machen«.

Beobachten Sie einmal, was passiert, wenn Sie zu jemandem sagen: »Jetzt entspann dich doch mal!« Ganz sicher wird Ihre Aufforderung nicht dazu führen, dass der andere sich wirklich entspannt – ganz im Gegenteil. Was kann man also machen?

Natürlich gibt es einige Entspannungstechniken wie das Autogene Training oder die Selbsthypnose. Durch diese Techniken wird Entspannung allerdings auch nicht »gemacht«, sondern es werden im Unterbewusstsein die Weichen gestellt, damit Entspannung leichter stattfinden kann.

Entspannungstechniken im Sinne des Autogenen Trainings finden wir im Daoismus keine. Es entspricht einfach nicht dem Geist des Dao, sich zu einer festen Zeit des Tages auf den Boden zu legen, 15 Minuten lang monotone Formeln zu sprechen oder systematisch Muskeln anzuspannen, um anschließend (hoffentlich) ein gewisses Maß an Entspannung zu erreichen.

Die Menschen, die den Weg des Dao beschreiten, wollen den ganzen Tag über in einer entspannten, gelösten Haltung leben. Sie möchten zu jeder Zeit von belastenden Gedanken und Gefühlen frei sein – ganz gleich, ob sie nun Spaghetti kochen, mit ihrem Hund spazieren gehen oder geschäftliche Telefonate führen.

Sie können noch heute damit beginnen, eine gelassene, entspannte Haltung einzuüben. Warten Sie nicht, bis Sie auf einen Nervenzusammenbruch zusteuern. Je früher Sie beginnen, desto leichter ist es, einen harmonischen Zustand herzustellen.

Auch wenn die Daoisten keine bestimmten Entspannungstechniken vorschreiben, kennen sie natürlich trotzdem Mittel und Wege, sich tief und gründlich zu entspannen. Die daoistische Methode, Gelassenheit zu entwickeln und Verspannungen abzubauen, besteht darin, *ohne Methode* vorzugehen. Am besten wird dieser Weg mit dem chinesischen Begriff »Wu-zi« umschrieben; er heißt so viel wie »ohne Gesetz« oder eben auch »ohne Methode«.

Es geht auf dem Weg des Dao also nicht darum, starre Ratschläge zu befolgen. Ein »Tun Sie dreimal täglich 10 Minuten lang dies oder das« gibt es nicht. Stattdessen gibt es etwas viel Besseres: Der daoistische Weg zielt darauf ab, Ihre gesamte Sichtweise zu verändern. Indem Sie die 10 Geheimnisse des Dao kreativ einsetzen, wird sich Ihre Perspektive allmählich ganz von selbst ändern. Sie werden erkennen, wie unnötig es ist, mit Sorgenfalten und angespannten Schultern durchs Leben zu laufen und wie viel leichter es sich entspannt lebt.

Sie können beispielsweise ein wenig mit dem ersten der 10 Dao-Geheimnisse experimentieren und überlegen, wie Sie es in Ihrem Alltag umsetzen können. Erinnern wir uns: Das erste Geheimnis besagt, dass es günstig ist, nicht zu kämpfen und sich nicht anzustrengen. Es hat keinen Sinn, mit dem Kopf durch die Wand zu wollen – die Wand ist immer stärker als Sie. Selbst wenn Sie es schaffen, werden Sie es wahrscheinlich mit einer Gehirnerschütterung büßen müssen. Gehen Sie einfach durch die offene Tür.

Besser ist es, bei allem, was man tut, entspannt zu bleiben und sich die Laune nicht verderben zu lassen. Auch ist es sinnvoll, übermäßige Geschäftigkeit zu vermeiden, denn das viele Tun führt sehr häufig zu Spannungen.

Oft genügt es, sich einmal einige Minuten lang in eine ruhige Ecke seines Zimmers zu setzen und darüber nachzudenken, was einem *wirklich* wichtig und wertvoll ist.

Welche Tätigkeiten sind förderlich, um Heiterkeit, Konzentration und Kraft zu entwickeln, und welche führen eher zu Verwirrung, Zerstreuung und Erschöpfung?

Lassen Sie einmal einen normalen Tag Ihres Lebens vor Ihrem inneren Auge ablaufen wie einen Film. Schauen Sie sich an, was Sie an so einem Tag alles tun, und prüfen Sie, ob alle diese Tätigkeiten absolut notwendig sind. Wollen Sie alles perfekt machen? Wollen Sie es jedem recht machen? Opfern Sie sich zu sehr auf und vor allem: Lohnt sich der Aufwand überhaupt?

Oft führen schon einige kleine Veränderungen dazu, dass Ihnen etwas mehr Zeit für Sie selbst bleibt. Und wenn Sie so weitermachen, werden Sie nach und nach immer mehr Ballast abwerfen können. Je weniger auf Ihren Schultern lastet, desto unnötiger wird es, sie hochzuziehen und sich zu verspannen.

Die Vollkommenheit der Leere erreichen,
die Fülle der Ruhe bewahren,
die zehntausend Dinge werden lassen:
Auf diese Weise fließe ich im ewigen Wandel.

LAOZI

Aktivität und Ruhe in
Harmonie bringen

Wenn Sie harmonisch und entspannt leben möchten, sollten Sie Yin und Yang ins Gleichgewicht bringen. Körperliche Verspannungen und seelische Blockaden deuten darauf hin, dass Sie den Bogen überspannt haben. Wenn Sie einen Bogen überspannen, reißt die Bogensehne oder der Bogen bricht. Wenn Sie Ihren Körper oder Ihre Seele überspannen, reißen Ihre Nerven oder Sie brechen zusammen.

Zu viel Yang entsteht durch zu viel Hektik und zu viel Willensanspannung. Neben Verspannungen treten als Folge eines Yang-Überschusses oft auch Aggressionen auf. Ein gutes Mittel, um die »Yin-Yang-Waage« wieder in die Balance zu bringen, besteht darin, sich in Wu Wei zu üben. Wu Wei – das daoistische Prinzip des Nicht-Eingreifens – lädt uns dazu ein, den Dingen ihren Lauf zu lassen. Je öfter wir das versuchen, desto schneller erkennen wir, dass gar keine Notwendigkeit besteht, alles zu kontrollieren. Wir werden an anderer Stelle noch genauer auf die Philosophie des Wu Wei zu sprechen kommen.

Viele Menschen haben ein ganz falsches Bild von Entspannung. Sich zu entspannen hat nichts damit zu tun, sich hängen zu lassen. Ihr Gesicht ist nicht etwa dann entspannt, wenn Ihr Mund offen steht. Und Ihr Körper ist nicht dann entspannt, wenn Sie nicht aufrecht stehen können. Auch in der Entspannung sollten wir nicht die Haltung verlieren. Entspannung ist nicht dasselbe wie Lähmung. »Yin und Yang in Harmonie bringen«, das heißt unter anderem, die rechte Mitte zu finden, so dass wir zwar entspannt, aber deshalb nicht schläfrig und matt, nicht schlapp und kraftlos sind.

Willst du deine Natur ordnen,
solltest du vorgehen wie ein Schmied,
der ein Schwert schmiedet.
Das Eisen darf nicht zu hart sein,
sonst bricht das Schwert.
Das Eisen darf nicht zu weich sein,
sonst verbiegt es sich.
Das vollendete Schwert kann nur der schmieden,
der die rechte Harmonie zwischen hart
und weich kennt.

WANG CHE

Entspannt im Körper

Natürlich ist körperliche Entspannung nicht wirklich von geistiger Entspannung zu trennen. Wenn Sie sich massieren lassen, um Ihre Muskeln zu lockern, wird dies auch zu mehr geistig-seelischer Gelöstheit führen. Daher ist es meist einfacher, mit der Entspannung beim Körper anzufangen. Der Körper ist nun einmal greifbarer als der Geist.

Die erste Frage lautet also, wie man seinen Körper

entspannen kann. Die Daoisten entspannen ihren Körper einfach dadurch, dass sie in harmonischer Bewegung bleiben, lange Wanderungen unternehmen, nicht zu viel essen, nicht zu wenig schlafen und in allem das rechte Maß finden. Darüber hinaus gibt es einige daoistische Übungssysteme, wie beispielsweise Qi Gong oder Taijiquan. Durch die fließenden, harmonischen Bewegungen, die dabei ausgeführt werden, lösen sich Verspannungen ganz von selbst.

Es ist aber nicht einmal unbedingt nötig (wenn auch hilfreich), eine spezielle Taijiquan- oder Qi-Gong-Form zu lernen. Sie können selbst versuchen, Ihre Bewegungen harmonisch fließend werden zu lassen. Probieren Sie einfach verschiedene Bewegungen aus. Heben Sie abwechselnd die Arme, lassen Sie sie kreisen, gehen Sie dabei ein paar Schritte – und alles in nicht zu langsamer Zeitlupe. Achten Sie darauf, wie beispielsweise das Heben eines Armes viele andere, automatische Muskelbewegungen nach sich zieht, die das Gleichgewicht erhalten.

Eine andere Möglichkeit, seinen Körper (und dabei zugleich auch seine Seele) zu entspannen, besteht darin, sich selbst ein wenig zu verwöhnen. Eines der 10 daoistischen Prinzipien besagt, dass Sie »sanft mit sich umgehen« sollten. Seien Sie also nicht streng zu sich, erlegen Sie sich keine Askese auf. Gönnen Sie sich immer wieder einmal etwas Schönes. Verwöhnen Sie sich beispielsweise mit einer heißen Badewanne, nehmen Sie sich Zeit, ein paar Saunagänge zu machen, oder lassen Sie sich massieren.

Verspannungen und innere Unruhe lösen sich schnell, wenn Sie mit sich selbst wie mit einem hoch geschätzten Gast umgehen, dem Sie etwas Gutes tun wollen. Verwöhnen Sie sich, tun Sie, worauf Sie Lust haben, und meiden Sie Tätigkeiten, die Ihrer inneren Natur zuwider sind.

Entspannt im Geist

Es ist wichtig, den Körper zu entspannen. Doch noch wichtiger ist es, den Geist zu entspannen. Wer gesammelt ist, bei jedem Tun achtsam bleibt und nicht zulässt, dass die Gedanken ständig umherschweifen, spart nicht nur viel Energie, er schafft auch die besten Voraussetzungen für eine heitere, gelassene Einstellung zum Leben.

Wie entspannt man sich geistig? Am besten, indem man alle Gedanken meidet, die zu einer verkrampften Einstellung führen. Zum einen sollte man Abstand nehmen von negativen und ängstlichen Gedanken und jegliche Sorgsucht vermeiden. Zum anderen sollte man etwas mehr Abstand zu seinen eigenen Ansichten gewinnen.

Verurteilen, bewerten und abwerten, um Meinungen streiten, debattieren und Recht behalten wollen – all das sind Spiele des Ego, die es uns sehr schwer machen, eine gelassene Haltung einzunehmen.

Stell dir vor, wir würden miteinander um die richtige
Meinung streiten. Wenn du nun gewinnst – hast
dann du notwendigerweise Recht und ich Unrecht?
Wenn ich gewinne – habe dann ich notwendigerweise
Recht und du Unrecht? Könnte es nicht sein, dass
du und ich teilweise im Recht sind? Oder gar, dass wir
beide vielleicht ganz und gar im Unrecht sind? Nicht
du, nicht ich können das jemals wissen. Keiner von uns
wird die absolute Wahrheit je kennen. Deshalb sollten
wir nicht auf das Rechthaben oder Unrechthaben
Wert legen. Betreten wir lieber die große Unendlichkeit
und wandeln im Land der befreienden Stille.

ZHUANGZI

Ist es wirklich so schwierig, sich selbst etwas weniger ernst zu nehmen? Glauben wir wirklich, dass ausgerechnet wir selbst alles »richtig« beurteilen? Was ist denn dieses »Ich«, das so selbstbewusst über andere urteilt – nichts weiter als eine Ansammlung an Einflüssen aus Biologie, Erziehung, Kultur, Gesellschaft und einigen persönlichen Erfahrungen und Assoziationen, die bestimmte Interessen und Abneigungen erzeugt haben.

Unser »Ich« ist nur eine von Milliarden Perspektiven!

So gesehen lohnt es sich kaum, für unsere begrenzten Meinungen Streitereien oder gar Kriege anzuzetteln.

Die Daoisten enthalten sich jeglicher Streiterei. Sie bleiben geistig gesammelt und bewahren ein heiteres Herz.

Nimmst du die Welt leicht,
ist dein Geist von allen Belastungen frei.
Misst du den zehntausend Dingen nicht allzu viel
Bedeutung bei,
ist dein Herz von allen Verwirrungen frei.

WENZI

Entspannung im Tun

Wenn wir andere fragen, wie sie sich entspannen, erhalten wir meist recht ähnliche Antworten:

»Ich lege mich aufs Sofa und lese ein Buch.«
»Ich setze mich in die Badewanne.«
»Ich lege mich ins Bett und mache ein Nickerchen.«
»Ich gehe ins Kino« …

Es ist wunderbar, ein Buch zu lesen und sich hinzulegen, ein Bad zu nehmen oder ins Kino zu gehen. Kein Daoist würde Ihnen davon abraten – ganz im Gegenteil. Allerdings würde er hinzufügen, dass Sie »Entspannung« nicht auf einige wenige Momente des Tages beschränken sollten. Wer dem Dao folgt, achtet viel weniger auf die äußeren Umstände als auf die Atmosphäre, die im Inneren herrscht. »Inmitten größter Unruhe Gelassenheit bewahren« – das ist die hohe Kunst des Dao.

Es gibt täglich viele Möglichkeiten, dies auszuprobieren. Üblicherweise sind wir in allerlei Tätigkeiten verstrickt. Wir müssen uns die Zähne putzen, müssen zum Einkaufen gehen, Gäste bekochen, Steuererklärungen machen oder die Fenster putzen. Je mehr anfällt, desto größer wird die Wahrscheinlichkeit, dass wir die Nerven verlieren.

Dennoch sollten wir daran denken, dass nichts es wert ist, dass wir unsere Mitte verlieren. Um jederzeit Ruhe zu bewahren, sollten wir jede noch so kleine und scheinbar unbedeutende Tätigkeit so ausführen, als gäbe es nichts anderes auf der Welt. Wir können immer nur eine Sache gleichzeitig tun, immer nur einen Schritt nach dem anderen machen. Lassen wir uns also nicht hetzen – weder von anderen noch von unseren eigenen Ansprüchen.

Ein guter Trick, um eine entspanntere Lebensweise zu kultivieren, besteht darin, ohne Hast und Eile zu handeln. Was immer getan werden muss: Bleiben Sie gesammelt und heiter!

Während Sie bügeln, sollten Sie nicht daran denken, was Sie noch alles einkaufen müssen; während Sie sich die Zähne putzen, sollten Sie nicht an den Ärger denken, den es gestern im Büro gab. Bleiben Sie innerlich gesammelt – das heißt, lenken Sie Ihr ganzes Bewusstsein auf das, was Sie tun. Meiden Sie zudem schnelle, hektische Bewegungen, denn dadurch wird der Atem schnell und flach. Wird der Atem jedoch oberflächlich, so verlieren Sie Energie, und es wird deutlich schwerer, Gelassenheit zu bewahren.

Die daoistischen Meister wussten, dass tiefe Gelassenheit die eigentliche Natur des Menschen zutage fördert.

Lass nicht zu, dass dein Inneres vom Äußeren verwirrt wird,
dann findest du zu deinem natürlichen Wesen.

HUAINANZI

Wie aber können Sie einen Zustand herstellen, in dem Sie nichts mehr erschüttert oder aus der Ruhe bringt und in dem Ruhe, Kraft und Gelassenheit herrschen? Am einfachsten, indem Sie versuchen, bei jedem Tun vollkommen entspannt zu bleiben. Denken Sie immer wieder einmal daran, loszulassen. Lassen Sie den Atem strömen, entspannen Sie die Schulter-, Kiefer- und Gesichtsmuskeln; lächeln Sie – und zwar nicht nur, wenn Sie auf dem Sofa liegen, sondern auch, wenn Sie im Stau stehen oder das Waschbecken schrubben.

Entspannt im Fluss treiben

Eines der 10 Dao-Geheimnisse empfiehlt uns, im Fluss zu bleiben, keinen Widerstand aufzubauen und in jedem Moment lebendig und angemessen zu reagieren. Auch dies ist eine gute Möglichkeit, Verspannungen abzubauen.

Eines Tages kam Kungzi [Konfuzius] an einen Fluss.
Dort war ein gewaltiger Wasserfall. Er stand am Ufer,
als mit einem Male ein altes Männlein aus dem
Wald und kopfüber in den Fluss sprang. Voll Entsetzen
sah Kongzi, wie der Alte den Wasserfall hinabstürzte.
»Wie schrecklich«, dachte er da bei sich. »Der Alte
ist wohl seines Lebens überdrüssig und will ihm so ein
Ende setzen.«
Als Kongzi jedoch kurz darauf den Wasserfall hinab-
blickte, sah er den Alten munter aus dem Wasser steigen
und ganz lebendig umherspringen. Voller Staunen bat
der Meister einen seiner Schüler, diesen Mann zu ihm
zu bringen. Als der Alte vor ihm stand, fragte der Meis-
ter: »Wie geht das zu? Als ich dich beobachtete, meinte
ich, du wolltest dir das Leben nehmen. Und doch bist
du aus dem Fluss gestiegen, als sei gar nichts gewesen.
Durch welche Kunstfertigkeit ist dir dies gelungen?«
»Aber nicht doch«, antwortete der Greis. »Eine bestimmte
Methode habe ich nicht. Vielmehr tauche ich ganz
einfach mit dem einen Strudel hinein, mit dem anderen
wieder hinaus. Und indem ich dem Wasser keinerlei
Widerstand leiste, werde ich selbst zum Wasser.«

ZHUANGZI

Nur dadurch, dass der alte Mann sich vollkommen entspannt im Fluss treiben lässt und weder sein Geist noch
sein Körper Widerstand leisten, kann er vollkommen
unversehrt aus dem Wasser steigen.

Entspannung entsteht von selbst, wenn Sie lernen, mit dem Strom zu treiben, statt gegen ihn anzuschwimmen. Wenn Sie sich dem Fluss des Lebens anvertrauen, ist es gar nicht mehr schwierig, den Dingen ihren Lauf zu lassen und selbst inmitten größter Hektik Ruhe zu bewahren.

Wer sich an das große Ur-Bild hält,
zu dem kommen die zehntausend Dinge.
Sie kommen zu ihm und leiden keinen Schaden,
finden Frieden, finden Ruhe, finden Einigkeit.

LAOZI

Nutzlos und entspannt

Ein »Taugenichts«, ein »Nichtsnutz« zu sein, das ist so ziemlich das Schlimmste, was man einem zivilisierten Bürger an den Kopf werfen kann. Jeder will schließlich »zu etwas nutze sein«, will sich »nützlich« machen und auf dem großen Karussell der allgemeinen Geschäftigkeit und Betriebsamkeit mitfahren dürfen.

Die meisten Menschen definieren sich über die Rolle, die sie im sozialen Gefüge spielen – über den Nutzen, den sie für die Gesellschaft haben. Arbeitslosigkeit und unfreiwilliger Ruhestand werden daher meist als Schicksalsschläge angesehen, denn plötzlich ist man zur Nutzlosigkeit verdammt.

Eine ganz andere Sichtweise nehmen die daoistischen Weisen ein. Maschinen sollen ruhig nützlich sein – bei Menschen zählt jedoch etwas ganz anderes!

Daoisten bemühen sich nicht darum, »nützlich« zu leben, sondern sie versuchen, »sinnvoll« und mit Poesie zu leben. Das »Leben an sich«, die Lebensfreude, das Gefühl, in Übereinstimmung mit seiner Natur und seinen Begabungen zu handeln, die Freiheit von gesellschaftlichen Zwängen und die völlige Unabhängigkeit vom Lob oder Tadel der anderen – all das ist dem Daoisten viel wichtiger, als sich nützlich zu machen.

Welchen Nutzen hat ein Bild von Dürer, eine Mozart-Symphonie, ein Sonnenuntergang? Es gibt schon viel zu viel Nützliches auf der Welt, warum nicht einmal versuchen, sich von der Perspektive der Zweckdienlichkeit zu befreien? Wenn wir auf einer Wiese liegen, die Wolken beobachten, ein Liedchen pfeifen und die Welt vergessen, hat dies offenbar keinen großen Nutzen für die Welt. (Tatsächlich hat es immerhin den Nutzen, dass wir Lebensfreude ausstrahlen und andere vielleicht damit anstecken können.) Dennoch ist ein solcher Nachmittag im Grünen eine der besten Möglichkeiten, um Verspannungen abzubauen, wieder zu sich zu kommen – und um eins mit dem Dao zu werden.

Die Philosophie der Nutzlosigkeit kann sehr hilfreich sein, um geistiges Loslassen zu üben. Die Nutzlosigkeit ermöglicht es uns, Abstand zur weltlichen Betriebsamkeit mit all ihrer Hektik, ihren Aggressionen und den vielen Zerstreuungen zu gewinnen.

Einmal kam der Zimmermann Qi nach Gu-Yuan
und sah dort eine gewaltige alte Eiche, die als heilig galt
und so groß war, dass ein Ochse sich dahinter ver-
stecken konnte. Die Menschen kamen in Scharen, wie
zu einem Markt, doch Zimmermann Qi ging achtlos
am Baum vorbei. Sein Geselle jedoch bewunderte den
Baum und betrachtete ihn lang. Dann lief er ihm nach
und sprach: »Seit ich dir als Lehrling folgte, sah ich
kein derart beeindruckendes Werkholz wie dies. Wie
kommt es, Meister, dass du achtlos daran vorbeigehst?«
Meister Qi darauf: »Der Baum ist nicht der Rede wert.
Sein Holz ist zu nichts nutze. Fertigst du ein Boot
daraus, wird es sinken; machst du einen Sarg, wird er
schnell verfaulen; schreinerst du Möbel, werden sie
alsbald auseinanderbrechen. Dies Holz ist zu nichts zu
gebrauchen – und eben weil er völlig nutzlos ist, hat
der Baum sein hohes Alter erreicht … Würde er nicht
für heilig angesehen, wäre er da nicht vielleicht schon
längst niedergehauen worden? Überdies ist der Grund
für sein Bestehen ein anderer als bei gewöhnlichen
Dingen. Ist da nicht deine Bemerkung vom Nutzen
völlig fehl am Platz?«

ZHUANGZI

Sie werden es schon selbst erlebt haben: Je nützlicher Sie sich machen, desto mehr Menschen wollen etwas von Ihnen. Wenn Sie signalisieren, dass Sie für diese oder jene Aufgabe zur Verfügung stehen, werden Sie kaum noch zur Ruhe kommen. Je größer Ihr Nutzen ist, desto mehr Leute werden versuchen, Sie für ihre Zwecke einzuspannen.

Nutzlosigkeit zu pflegen hängt auch damit zusammen, »nein« sagen zu können. Machen Sie sich bewusst, wo Ihre Grenzen sind. Denken Sie daran, dass Ihre Lebensenergie nicht unbeschränkt ist. Widmen Sie sich den Dingen, die Sie wirklich interessieren. Legen Sie nicht zu viel Wert auf das, was andere von Ihnen denken, wenn Sie nicht immer bereit sind, sich für sie aufzuopfern. Auch dies ist ein einfacher daoistischer Weg, um mehr Ruhe, Gelassenheit und Entspannung zu entwickeln.

Dreißig Speichen um die Nabe:
Das, was nicht ist, macht den Nutzen des Rades.
Tonschlamm formt den Krug:
Das, was nicht ist, macht den Nutzen des Kruges.
Fenster und Türen durchbrechen den Raum:
Das, was nicht ist, macht den Nutzen des Raumes.
Daher liegt der Gewinn durch das, was ist,
in dem, was nicht ist.

LAOZI

Der Dao-Weg der Meditation

Im Daoismus spielt die Meditation eine zentrale Rolle. Sie gilt als der effektivste Weg, um Gemütsruhe und inneres Glück zu erlangen. Im Grunde sucht jeder Mensch nach Glück. Meist glauben wir, dass wir umso glücklicher sind, je eher es uns gelingt, uns unsere Wünsche zu erfüllen: Wenn erst einmal der richtige Job, der richtige Partner, das größere Haus oder der passende Wohnzimmertisch gefunden ist, dann – ja dann werden wir endlich »glücklich« sein.

Die Daoisten sehen das anders: Sie sagen, dass Glück, Zufriedenheit, Harmonie und Wohlbefinden gar nicht so sehr mit äußeren Umständen zusammenhängen. Ganz im Gegenteil – jeder neue Wunsch stellt für sie nur ein Hindernis auf dem Weg zur Zufriedenheit dar. Und so gibt es aus daoistischer Sicht nur einen einzigen richtigen Zeitpunkt, sich um sein Glück, seine innere Ruhe und seine Ausgeglichenheit zu kümmern – jetzt!

Glücklich sein im »Hier und Jetzt« – und zwar unabhängig davon, ob wir in Reichtum oder Armut leben, ob die Umstände günstig oder ungünstig sind – das hört sich ja recht schön an … Doch wie kann man diesen Zustand erreichen? Wie sollen wir erkennen, dass es gar nicht nötig ist, erst noch alles Mögliche erreichen oder uns noch viele Wünsche erfüllen zu müssen? Wie können wir sofort glücklich werden?

Eine Möglichkeit besteht darin, dem Dao zu folgen; dem Dao folgen, das heißt, alle Gedanken loslassen, die uns unglücklich machen. Dazu gehören Gedanken an das, was sein sollte, was vielleicht einmal sein wird oder was gewesen ist. Sehnsucht, Hoffnungen, Befürchtungen, Sorgen und das Ablehnen der gegenwärtigen Wirklichkeit – all das sind Fallen, die uns den Zugang zum »Hier und Jetzt« erschweren.

Dem Daoismus zufolge besteht die einzige Chance, dieser Falle zu entkommen, darin, ein unbeschwertes, waches und in hohem Maße sensibles Bewusstsein zu entwickeln. Und die »Methode«, die zu einem solchen Bewusstsein führt, ist die Meditation.

Die Frage nach dem Wesentlichen

Meditation ist die Kunst, zum Wesentlichen zurückzukehren. Seit je haben sich die Daoisten gefragt, was eigentlich wirklich wesentlich ist. Und dabei haben sie erkannt, wie wichtig es ist, alles loszuwerden, was unglücklich macht und über kurz oder lang nur zu Enttäuschung und Leiden führt.

Um ihre Gemütsruhe nicht zu gefährden, verwarfen
die Meister des Dao, was ihrer Natur nicht entsprach;
was der Entfaltung der Lebendigkeit im Wege stand,
dem gestatteten sie nicht, die Harmonie zu gefährden.
Weder ihr Denken noch ihr Handeln überließen sie
Launen oder Willkür. Sie aßen so viel, wie es der Größe
ihres Bauches entsprach; sie kleideten sich so, wie es
den Bedürfnissen des Körpers entsprach; sie wählten
die Größe ihres Heims nach der Notwendigkeit;
ihre Handlungen waren immer angemessen.

WENZI

Das Wesentliche für sich zu erkennen ist eine große Kunst. Ständig sind wir in Gefahr, den »zehntausend Dingen« zum Opfer zu fallen. Nie waren die Verlockungen so groß wie heute! Immerhin sind die PR-Agenturen und die Werbeabteilungen aller großen Unternehmen mit nichts anderem beschäftigt als damit, unsere Bedürfnisse anzuregen.

Alles dreht sich letztlich darum, dass wir irgendwelche Produkte kaufen. Wir sollen eine ganz bestimmte Zahnpasta, ein ganz bestimmtes Auto, eine ganz bestimmte Zigarette oder ein ganz bestimmtes, koffeinhaltiges Erfrischungsgetränk erwerben – kurzum, wir sollen konsumieren. Nicht umsonst wird ja die Gesellschaft, in der wir leben, auch als »Konsumgesellschaft« bezeichnet.

Mit großem psychologischen Geschick werden wir dazu verleitet, Dinge zu kaufen, die wir überhaupt nicht brauchen. Der Trick der Werbestrategen besteht darin, ihre Produkte mit angenehmen Gefühlen zu verbinden. In der Werbung werden daher viele bunte Bilder, schöne Worte und angenehme Klänge eingesetzt, um unser Unterbewusstsein zu beeinflussen. Doch leider – so sehr der Konsum uns Glück suggeriert, so wenig kann er uns tatsächlich tiefe Befriedigung schenken.

Die Fünf Farben machen das Auge blind,
die Fünf Töne machen das Ohr taub,
die Fünf Geschmacksrichtungen machen den
Gaumen unempfindlich.
Rennen und Jagen machen den Geist wirr.
Wertvolle Güter machen die Menschen verrückt.
Daher sorgt der Weise sich um seine Mitte,
nicht um das Äußere.
Wie er das eine verwirft, gewinnt er das andere.

LAOZI

Der springende Punkt ist, herauszufinden, was einen wirklich glücklich macht. Und natürlich muss jeder das für sich selbst herausfinden, denn es gibt keine Standardantworten.

Eine naheliegende Möglichkeit, auf das Wesentliche zu stoßen, besteht darin, sich vom Unwesentlichen zu befreien. Als unwesentlich erkannte Laozi »die Fünf Farben«, »die Fünf Töne«, »Rennen und Jagen« sowie

»wertvolle Güter« – also Sinnesreize, die unseren Geist nur verwirren und vom Dao ablenken.

Im Wenzi werden andere Faktoren genannt, die uns vom Wesentlichen wegführen:

Für die Weisen der alten Zeit war die Welt nur etwas Zusätzliches, das sie nicht zu besitzen begehrten. Sie überließen die Welt sich selbst und befreiten sich von Profitgier. Sie ließen nicht zu, dass Sorge um Armut oder Reichtum, Ehre oder Schande, hohe oder niedere Stellung die natürliche Harmonie in Gefahr brachte.

Wenn Sie darüber nachdenken, was Ihrem Glück im Wege steht, werden Sie vielleicht andere oder weitere Antworten erhalten. Möglicherweise stehen Ihnen Suchtmechanismen, übertriebene Geschäftigkeit oder Konkurrenzdenken im Wege. Vielleicht hindert Sie aber auch der Wunsch, sich mit allerlei Luxus zu umgeben, daran, zu erkennen, dass Zeit für sich selbst, innere Ausgeglichenheit sowie seelisches und körperliches Wohlbefinden eigentlich viel wertvollere »Luxusgüter« sind.

Die 10 Geheimnisse des Dao können sehr hilfreich sein, um sich von allem zu befreien, was unglücklich macht. »Überflüssiges meiden«, »Nicht kämpfen«, »Yin und Yang ins Gleichgewicht bringen« oder »Sanft mit sich und anderen umgehen« sind einige gute Wege.

Doch die beste und edelste Möglichkeit, um Ruhe, Kraft und inneren Frieden zu entwickeln, besteht darin, »zur Quelle zurückzukehren«.

Indem wir zur Quelle, zu unserem ursprünglichen Wesen zurückkehren, entwickeln wir ganz von selbst ein meditatives Bewusstsein; dieses Bewusstsein wird uns automatisch vor unnötigen Irr- und Umwegen schützen und uns zeigen, worauf es für uns wirklich ankommt.

Vom Sinn des Meditierens

Es gibt viele Gründe, die Menschen zur Meditation führen. So kann man beispielsweise meditieren, um mehr Gelassenheit zu entwickeln oder Stress abzubauen. Ferner nützt Meditation auch der Gesundheit. Untersuchungen haben gezeigt, dass sich die Aktivität der Gehirnwellen in der Meditation verändert und Bereiche des Gehirns aktiviert werden, die mit Zuständen wie Zufriedenheit, Freude und Glück verbunden sind; gleichzeitig wird die Sauerstoffaufnahme erhöht, wovon nicht nur das Gehirn, sondern alle Organe, ja alle Zellen unseres Organismus profitieren.

Es hat sich gezeigt, dass das Immunsystem von Menschen, die regelmäßig meditieren, besonders gut arbeitet. Darüber hinaus leiden Meditierende äußerst selten unter Schlaflosigkeit, Ängsten und seelischen Anspannungen.

Die Daoisten wussten natürlich, dass Meditation entspannt, die Gesundheit stärkt und uns mehr Lebensenergie schenkt. Dennoch war dies nicht der Grund dafür, dass sie die Kunst der Meditation pflegten. Der wahre Grund lag darin, dass die Meister des Dao gar nicht anders konnten, als zu meditieren. So wie ein inspirierter Maler nicht anders kann, als zu malen, so war das ganze Sein der Daoisten in Meditation getaucht. Die Art, wie sie lebten, wie sie atmeten, sich bewegten und wie sie ihr Dasein genossen, war von Poesie, Sensibilität und Meditation geprägt.

Ein meditativer Geist ist an sich schon das Ziel, das die »Belohnung« in sich trägt, denn er ist das Schönste, was man sich vorstellen kann. Dem Dao folgen heißt nichts anderes, als eine meditative, kindliche, offene Perspektive einzunehmen. Meditation führt zu einer vollkommenen Erneuerung des Erlebens. Ängstlichkeit, Sorgsucht, eingefahrene Denkmuster oder negative Emotionen haben keine Macht mehr über den, der ein gesammeltes, heiteres und meditatives Bewusstsein entwickelt hat.

Die Daoisten vertraten die Ansicht, dass das eigentliche Wesen des Menschen von Klarheit und Frieden geprägt ist.

Das Wesen des Geistes ist rein, das Wesen des Geistes ist ruhig.

LÜ YANG

Um den Durchbruch zu diesem Wesenskern zu ermöglichen, müssen die Gedanken ruhig werden. Schätze findet man eher, wenn der Wasserspiegel glatt und ruhig ist; solange Wellen und Stürme toben und Schlamm aufgewirbelt wird, ist der Grund nicht sichtbar.

Die Wellen zur Ruhe kommen, den Schlamm sich setzen, den klaren Blick in die Tiefe eintauchen lassen – darum geht es in der daoistischen Meditation. Eine bessere Gesundheit, mehr Entspannung, weniger Stress oder eine intelligentere Weise, mit schwierigen Situationen umzugehen, sind dabei lediglich angenehme Nebenwirkungen.

Die Praxis der Dao-Meditation

Meditation hilft uns, das Wesentliche zu erkennen. Dieses Wesentliche sind wir selbst. In uns ist das gesamte Universum enthalten, auch wenn wir das normalerweise nicht erkennen. Meditation bietet uns die Möglichkeit zur Selbsterkenntnis.

> *Wer andere kennt, ist klug;*
> *wer sich selbst kennt, weise.*
> LAOZI

Zu allen Zeiten waren sich Daoisten darüber einig, dass die »Rückkehr zur Quelle« der beste Weg zu Zufriedenheit und Gelassenheit ist. Uneinigkeit herrschte allerdings über die richtige Methode, wie man ein meditatives Bewusstsein erzeugt.

Während einige daoistische Schulen verschiedene Atem- und Visualisierungstechniken anbieten und bestimmte Meditationshaltungen empfehlen, hielten sich die Meister des ursprünglichen Daoismus mit konkreten Ratschlägen zurück.

Die Weisen der alten Zeit ruhten friedlich in sich;
sie glichen ihr Inneres der Lage der Dinge
und dem Ort an,
ohne Widerstand zu leisten.

WENZI

Die Meister des Dao waren offenbar ohnehin ständig in einem meditativen Zustand. Für sie war es ein Leichtes, ihr Bewusstsein nach innen zu lenken und die unmittelbare Gegenwart des »Hier und Jetzt« zu erfahren. Hätte man sie nach ihrer »Technik« gefragt, hätten sie wahrscheinlich »Wu-zi« geantwortet – »ohne Methode«.

Wenn du fragst, wie es den Alten Weisen gelang,
friedvoll in sich zu ruhen:

Ihr Wille war Nicht-Wollen,
ihr Handeln war Nicht-Handeln,
ihre Sorge war, sich nicht zu sorgen.
Klar wie ungetrübtes Wasser ihr Geist,
still wie ein abgelegenes Tal,
heiter wie der wolkenlose Himmel.
So gab es nichts, was ihren Frieden hätte stören können.

LONG YOU

Meditation kann man also nicht »machen«, man kann sie nur zulassen. Das Geheimnis besteht nicht darin, etwas zu tun, sondern darin, etwas zu lassen. Wenn man das Wollen, das Kontrollieren, das Sorgen loslässt, stellt sich der Zustand der Meditation von selbst ein. Denn Meditation ist nichts Künstliches – es ist ein vollkommen natürlicher Zustand des unbefangenen Geistes.

Aus Sicht der klassischen Meister des Dao sind Methoden und Techniken also nicht nötig. Es genügt zu erkennen, dass es nichts zu erreichen gilt, dass alles vollkommen ist, so wie es ist. Es genügt, die Aufmerksamkeit, die normalerweise gänzlich auf äußere Dinge gerichtet ist, nach innen zu lenken und sich seiner selbst bewusst zu werden. Dabei sind übrigens unsere Sorgen, unsere reflektierenden Gedanken, die wir in Worte fassen, um innere Selbstgespräche zu führen, ebenfalls etwas in diesem Sinne »Äußeres« – sie liegen außerhalb unseres eigentlichen Wesenskerns. Um das zu verstehen, müssen wir nur einmal überlegen: Wer ist es denn, der sich Sorgen macht? Wer denkt über sich und anderes nach? Es sind nicht die Sorgen oder die Gedanken, die sich sorgen und die denken.

Das Einzige, was wir »tun« müssen, ist, unsere Gedanken zu sammeln, sie nicht abschweifen zu lassen. Wir versuchen also, Selbstgespräche und Grübelei zu unterbrechen und die vielen Bilder im Bewusstsein zur Ruhe kommen zu lassen; ebenso die vielen Worte: »*Viele Worte, viel Verlust*«, sagte Laozi. Er meinte damit nicht nur, dass überflüssiges Reden Energie kostet, sondern auch, dass die vielen Selbstgespräche, die wir innerlich in jedem Augenblick führen, uns die Klarheit rauben.

Abkürzungen auf dem Weg nach innen

Meditation kann nicht »gemacht« werden – man muss sie entstehen lassen. Für den Anfänger ist diese Aussage allerdings wenig hilfreich. Die Frage nach dem »Wie« drängt sich auf. Die Daoisten mögen wohl Zeit gehabt haben, den ganzen Tag am Fluss zu sitzen und in den Himmel zu schauen; vielleicht haben sie sich diese Zeit auch genommen – jedenfalls ist es so wahrscheinlich keine Kunst, irgendwann in einen meditativen Zustand zu gleiten. Doch wie können wir, die wir ins Büro gehen, unsere Kinder großziehen, einkaufen, kochen und waschen müssen, lernen, Meditation »entstehen zu lassen«?

Natürlich gibt es dafür einige »Hilfsmittel«. Einige Jahrhunderte nach Laozi fingen daoistische Meister damit an, in ihren Meditationsanweisungen etwas konkreter zu werden. Sie suchten nach Möglichkeiten, ihren Schülern den Zugang zur Meditation zu erleichtern. Ihre Empfehlungen decken sich dabei weitgehend mit denen der Yoga- oder Zenmeister. Allerdings gibt es bei daoistischen Meistern keine festen Vorschriften, sondern eben nur »Empfehlungen«.

Die wichtigsten dieser »Abkürzungen auf dem Weg nach innen« haben wir für Sie zusammengestellt; sie helfen Ihnen, einen Zustand herzustellen, in dem Sie abschalten, zur Ruhe kommen und relativ leicht in die Meditation hineingleiten werden.

MEDITATION SOLLTE NICHT ANSTRENGEND SEIN

Zunächst ist es äußerst wichtig, sich von allem Ehrgeiz und übertriebener Willenskraft zu befreien. Meditation darf nicht anstrengen – ganz im Gegenteil. Es geht darum, sich zu entspannen, loszulassen. Meditation ist der Zustand, in dem Kinder staunend in die Welt schauen, in dem sie mit anderen Kindern kreative Spiele erfinden – also nichts, was auch nur im Mindesten anstrengend oder kraftraubend wäre.

Um meditieren zu können, ist es wichtig, entspannt zu sein, etwas Zeit für sich zu haben und sich ein wenig aus dem Alltag herauszunehmen – zumindest gilt dies für den Anfang. Später können Sie überall und jederzeit meditieren.

Meditation ist nichts besonders Ernstes oder gar Heiliges. Wir kommen einfach nur zur Ruhe, lassen die Gedanken still werden, öffnen uns für den gegenwärtigen Moment – dafür gibt es kein Geld, keine Noten und keine Medaille. Gehen Sie also heiter und gelassen vor. Ärgern Sie sich nicht, wenn Sie nicht gleich Erleuchtung erlangen.

Nehmen Sie sich selbst nicht zu ernst und gehen Sie mit Humor an die Sache heran. Wenn Sie unbequem sitzen, dann ändern Sie die Körperhaltung – oder noch besser: versuchen Sie, die Unbequemlichkeit heiter zu beobachten und nicht einzugreifen. Versuchen Sie jedenfalls nicht, »eiserne Disziplin« zu wahren – auf dem Weg des Dao ist dies nicht sinnvoll. Heitere Gemütsruhe entsteht ganz von selbst, wenn der Körper entspannt ist, wenn Sie ein sanftes Lächeln auf Ihre Lippen zaubern und Ihren Geist sammeln.

Je mehr wir uns von unserem persönlichen »Ich« befreien, desto leichter finden wir zu Gelassenheit und Heiterkeit. Lösen Sie sich wenigstens vorübergehend von Ihren Wünschen und Begierden. Befreien Sie sich von »Ja« und »Nein«, von »Das will ich« oder »Das will ich nicht«.

Das Ego verhält sich zuweilen wie ein verwöhntes Kind. Lassen wir es also ruhig mal ein wenig in den Hintergrund treten.

Höchste Verwirklichung wird erlangt,
wenn der Geist nicht mehr zwischen Sorgen
und Freuden unterscheidet.
Höchste Stille entsteht,
wenn du handelst, ohne dich zu verändern.
Die kostbare Leere wird verwirklicht,
wenn die üblichen Begierden keine Macht haben.
Höchste Gelassenheit wird erreicht,
wenn du nicht zum Spielball deiner Vorlieben
und Abneigungen wirst.

HUAINANZI

GUTE VORAUSSETZUNGEN SCHAFFEN

Je länger wir dem Dao folgen, desto leichter wird es für uns, überall und jederzeit in einem friedlichen, meditativen Zustand zu sein. Am Anfang ist ein wenig Struktur jedoch sehr hilfreich.

Ein ruhiges Plätzchen erleichtert die innere Sammlung sehr. Wenn Sie anfangs regelmäßig eine bestimmte Zeit lang meditieren möchten, um Ihre Gedanken von den Problemen des Alltags zu lösen, ist es günstig, sich in ein ruhiges Zimmer zurückzuziehen. In der wärmeren Jahreszeit ist es auch sehr schön, einen Platz in der Natur aufzusuchen – etwa eine Wiese oder einen Waldrand. Je weniger Leute um Sie herum auftauchen, desto leichter wird es sein, innerlich still zu werden.

Daoisten halten sich sehr gerne in der Natur auf. Es gibt Orte der Kraft, die eine besonders heilsame Energie ausstrahlen. Achten Sie aber auf jeden Fall darauf, dass der Platz, an dem Sie sich niederlassen, Ihre Energie nicht schwächt. Wo es zu heiß, zu kalt, zu windig, zu dunkel oder auch zu laut ist, wird es schwierig, sich zu sammeln und zur Ruhe zu kommen.

Kleiden Sie sich bequem. Ihre Lebensenergie kann nur dann ungehindert fließen, wenn sie nicht durch einengende Kleidungsstücke oder Accessoires wie Krawatten und Gürtel eingeengt wird. Tragen Sie luftdurchlässige, lockere Kleider, in denen Sie sich rundum wohlfühlen können. Ziehen Sie möglichst oft die Schuhe aus und nehmen Sie direkten Kontakt zum Boden auf.

Vermeiden Sie es, den Körper innerlich zu belasten. Nach einem schweren Essen sollten Sie nicht unbedingt meditieren, denn voller Bauch meditiert nicht gern. Solange die Verdauungsorgane damit beschäftigt sind, die Nahrung zu verarbeiten, ist es besser, sich ein wenig auszuruhen oder einen Spaziergang zu machen, als sich zur Meditation hinzusetzen.

Theoretisch können Sie natürlich zu jeder Tageszeit meditieren. Erfahrungsgemäß ist der frühe Morgen sowie die Zeit kurz vor oder nach Sonnenuntergang jedoch besonders günstig. Solange der Alltag noch nicht begonnen hat, ist der Geist noch nicht so sehr in seinem »weltlichen Bewusstsein« verstrickt – das spricht für den frühen Morgen. Wenn die Aufgaben des Tages erledigt sind, fällt es oft leichter, sich zu entspannen – das spricht für den Abend.

Gute Voraussetzungen sind gute Voraussetzungen –

nicht mehr und nicht weniger. Sie können auch pappsatt in der Mittagshitze eines schwülen Sommertages an einer mehrspurigen Straße, mit einem unbequemen Anzug und Krawatte bekleidet meditieren, können dabei gelassen bleiben und Ihre Mitte wahren ... Doch warum sollten Sie es sich so schwer machen? Wenn Sie sanfter mit sich umgehen, wird es Ihnen viel leichter fallen, die heilsame Kraft der Stille zu erfahren.

DIE »RICHTIGE« HALTUNG

Üblicherweise wird der richtigen Haltung in allen Meditationsschulen viel Bedeutung beigemessen. Nun ist der Daoismus jedoch wie gesagt keine Disziplin und keine Technik, sondern eine Lebensphilosophie. Die meisten Dao-Meister haben daher auch nie ein Wort über die richtige Körperhaltung verloren. Wer dem Dao folgt, kennt die richtige Haltung ohnehin. Die dem Dao entsprechende Haltung besteht darin, die Lebensenergie nicht zu blockieren und einen Zustand wacher Entspannung herzustellen. Die innere und äußere Haltung sollten der jeweiligen Situation angemessen und weder verkrampft noch von Schwere und Trägheit geprägt sein.

Alles, was einengt, behindert den freien Atem und ebenso den freien Energiefluss. Dies gilt für enge Kleider, für verspannte Muskeln, aber auch für belastende Gedanken und Gefühle. Die »richtige« Haltung ermöglicht es uns, im Fluss zu bleiben. Ob wir sitzen, stehen oder liegen, ist dabei nicht wichtig. Wichtig ist, dass wir uns unseres Körpers bewusst sind, denn dies ist der erste Schritt zu einer lebendigen, meditativen Sichtweise.

GÜNSTIGE SITZHALTUNGEN

Um Meditation gezielt zu üben, wird traditionell die sitzende Haltung empfohlen. Im Liegen neigen wir dazu einzuschlafen; im Stehen ist es für die meisten Menschen schwierig, sich zu entspannen. Der aufrechte Sitz ist auch insofern ideal, als die Atmung dabei nicht behindert wird und das *Qi* frei fließen kann.

Wenn Sie auf dem Boden sitzen wollen, sollten Sie ein Sitzkissen oder eine zusammengefaltete Decke benutzen. Auf diese Weise stabilisieren Sie die Haltung und müssen keine Anstrengung unternehmen, um sie zu bewahren. Es gibt mehrere Möglichkeiten, auf dem Boden zu sitzen, und es hängt von Ihrer Gelenkigkeit ab, welche Haltung Sie bevorzugen.

Im *Fersensitz* wird die Wirbelsäule ganz automatisch gerade gehalten. Wir sitzen dabei auf den Fersen, die Fußrücken und die Vorderseite der Unterschenkel berühren den Boden. Um uns die Stellung zu erleichtern, können wir ein kleines Kissen zwischen Fersen und Gesäß legen oder ein Meditationsbänkchen benutzen.

Der *Lotossitz* ist nur etwas für sehr gelenkige Menschen, wenngleich die aus dem Yoga stammende Haltung die beste Meditationshaltung ist. Beim Lotossitz werden die Beine gekreuzt, der rechte Fuß wird auf den linken Oberschenkel, der linke Fuß auf den rechten Oberschenkel gelegt. Dieser Sitz ist äußerst stabil, doch leider auch sehr schwierig. Sie sollten sich keinesfalls in diese Position zwingen, wenn Sie keine überdurchschnittliche Flexibilität besitzen. Sonst kommen Sie möglicherweise nicht in den Zustand der Meditation, sondern ins Wartezimmer des Orthopäden.

Der *halbe Lotossitz* ist eine leichtere Variante. Wiederum werden die Beine gekreuzt; der rechte Fuß wird möglichst nahe zum Körper gezogen, dann wird der linke Fuß auf den rechten Unterschenkel gelegt (oder umgekehrt). Ein Sitzkissen erleichtert es sehr, den halben Lotossitz einzunehmen und die Wirbelsäule aufrecht zu halten.

In China, überhaupt im Fernen und Nahen Osten, ist das Sitzen auf dem Boden weitverbreitet. Bei uns sitzt man für gewöhnlich auf Stühlen. Und das schon seit der Kindheit; spätestens ab dem ersten Schultag. Daher sind unsere Muskeln oft verkürzt und die Gelenke nicht flexibel genug, um den Fersen- oder gar Lotossitz einzunehmen. Mit etwas Übung erhöht sich die Gelenkigkeit recht schnell. Anfangs können Sie beispielsweise auch im Schneidersitz sitzen, der den meisten Menschen sehr leichtfällt.

Doch wenn das alles nicht geht, können Sie ebenso gut auch auf einem Stuhl meditieren. Achten Sie dann aber darauf, dass der Stuhl so hoch ist, dass Ober- und Unterschenkel einen Winkel von 90 Grad bilden können. Sitzen Sie möglichst »aus eigener Kraft«, das heißt, ohne sich anzulehnen. Halten Sie die Wirbelsäule aufrecht. Die Füße sollten etwa schulterbreit auseinander mit ihrer gesamten Fläche auf dem Boden stehen. Dann können Sie auch auf einem Stuhl eine sehr gute Meditationshaltung finden, in der die Wirbelsäule gerade, die Atmung frei und die Energie unbehindert ist.

IM STEHEN UND GEHEN MEDITIEREN

Ja, auch im Stehen können Sie meditieren! Das hat den Vorteil, dass Sie besonders wach sind und nicht einschlafen (zumindest wachen Sie sofort wieder auf, wenn Sie umfallen). Ein weiterer Vorteil besteht darin, dass die Atmung freier fließen kann als in jeder Sitzhaltung.

Die Wirbelsäule sollte auch beim Meditieren im Stehen gerade sein. Wenn wir wie ein Soldat mit durchgestreckten Beinen dastehen, geht das natürlich nicht. Stellen Sie also die Beine schulterbreit auseinander und beugen Sie leicht die Knie.

Und schließlich können Sie sogar im Gehen meditieren. Natürlich nicht, wenn Sie gerade im Kaufhaus dem neuesten Sonderangebot nachlaufen, sondern am besten ebenfalls an einem stillen, angenehmen Platz in der freien Natur.

Achten Sie wieder darauf, dass die Wirbelsäule gerade

ist, indem Sie ein wenig in die Knie gehen. Und dann laufen Sie langsam, ganz langsam und bewusst im Kreis. Sie setzen jedes Mal den Fuß ganz bewusst auf.

Die Meditation im Gehen ist schon eine Art Bindeglied zu Taijiquan und Qi Gong – nur bleibt die Bewegung so einfach, dass Sie leicht in den Meditationszustand kommen können.

HAUPTSACHE WACH UND ENTSPANNT

Gleichgültig, ob Sie im Fersen-, Lotos- oder Schneidersitz bzw. auf einem Stuhl sitzen oder gar stehen und gehen: Achten Sie immer darauf, dass Ihre Haltung bequem, stabil und entspannt ist. Lassen Sie die Schultern und die vielen kleinen Muskeln des Gesichts entspannt, schließen Sie die Augen (außer beim Gehen), lassen Sie den Atem strömen.

Legen Sie die Hände locker auf die Oberschenkel oder legen Sie sie in den Schoß, wobei die Handflächen nach oben weisen und die eine Hand in der Handfläche der anderen liegt. Beim Stehen und Gehen lassen Sie die Arme hängen – lassen Sie dabei aber unter Ihren Achseln ein wenig Raum, als sei dort ein unsichtbarer, unfühlbarer Tennisball.

Das Wichtigste ist, dass Sie sich in Ihrer Haltung wohlfühlen. Legen Sie nicht zu viel Wert auf das exakte Befolgen der einen oder anderen Körperhaltung – Perfektionismus steht der meditativen, spielerischen Einstellung im Wege, die den Geist des Dao ausmacht.

Es geht nicht darum, »gekünstelt« etwas zu tun, sondern darum, innerlich zur Ruhe zu kommen.

Es genügt nicht, einfach nur still dazusitzen und die Augen zu schließen, denn das wäre gekünsteltes Sitzen. Wesenhaftes Sitzen erfordert einen Geist, der völlig unbeweglich bleibt, wie ein Berg, ganz gleich, was geschieht und ob du aktiv bist oder ruhst ... Verschließe die Tore – schließe Augen, Ohren und Mund, lasse nichts Äußeres nach innen gelangen. Stilles Sitzen ist nicht möglich, solange noch der kleinste Gedanke vorhanden ist.

WANG CHE

Einige kleine Dao-Meditationen

Bei der Dao-Meditation geht es darum, still zu werden, den Geist zu sammeln und den üblichen Fluss von Gedanken und Emotionen zur Ruhe kommen zu lassen. Ist der Zustand der inneren Stille erreicht, können wir Kontakt zu unserer ursprünglichen Quelle aufnehmen, unsere Lebensenergie stärken, Klarheit erlangen und tiefe Freude erleben. Das ist alles. Und da dies alles ist, ist es nicht im Sinne des Dao, von Meditations-*Techniken* zu sprechen.

Die einfachste Art, eine meditative Lebensweise zu kultivieren, besteht darin, die 10 Geheimnisse des Dao in die Praxis umzusetzen. Die folgenden Dao-Meditationen sind lediglich ein paar zusätzliche Vorschläge. Sie helfen Ihnen auf recht konkrete Weise, in das Geheimnis der Meditation einzutauchen und das »große Geheimnis« zu ergründen.

Still werden, sich sammeln

»*Das größte Geheimnis verbirgt sich in der Stille*«, sagt Meister Lü Yang. Die ganze daoistische Lebensweise ist darauf ausgerichtet, dem Lärm, der Hektik und der zum Großteil unwesentlichen Geschäftigkeit der Welt zu entfliehen. Dazu ist es nicht nötig, sich in die Berge zurückzuziehen und in einer Höhle zu hausen. Sie können mitten in der Großstadt leben und äußerlich Ihrem normalen Leben nachgehen und dabei innerlich vollkommen still und ruhig sein.

»Zur Quelle zurückkehren« heißt, still werden und still werden heißt, den Geist sammeln. Sitzen Sie ruhig, ohne sich zu bewegen. Halten Sie den Körper entspannt, aber aufrecht. Lassen Sie Ihre Gedanken zur Ruhe kommen.

Zunächst einmal ist es wichtig, sich der vielen Gedanken und Gefühle bewusst zu werden, die durch das Bewusstsein ziehen. Indem Sie jeden auftauchenden Gedanken, jedes auftretende Gefühl beobachten, erkennen, akzeptieren und sogleich wieder loslassen, kehrt Ihr Geist allmählich immer mehr zur Quelle zurück.

Wenn Gedanken umherschweifen, sollte man sich

von ihnen lösen. Lassen Sie nicht zu, dass Sie sich in Vorstellungen von der irrealen Zukunft oder in Gedanken an die längst verstorbene Vergangenheit verstricken. Lösen Sie sich vor allem von negativem emotionalen Denken: Ärger, Neid, Eifersucht, Missgunst, aber auch Ängstlichkeit und Sorgen aller Art sind geistiges Unkraut. Sie halten das egozentrierte Denken in ständiger Bewegung und führen zu Unausgeglichenheit und inneren Anspannungen.

Bleiben Sie im Fluss, indem Sie in heiterer Gemütsruhe an der Quelle verharren und sich durch nichts aus der Ruhe bringen lassen – weder durch herumschweifende Gedanken noch durch äußere Reize wie Geräusche, ein Jucken an der Nase oder einen eingeschlafenen Fuß.

Die Weisen lassen ihre Augen entspannt
und klar werden.
Sie blicken nicht umher,
sie schließen ihren Mund und sprechen nicht,
sie beruhigen ihren Geist und denken nicht,
sie verabschieden sich von Besserwisserei
und kehren zur Einfachheit zurück,
sie lassen ihr Bewusstsein zur Ruhe kommen
und machen sich vom Wissen frei.
So werden sie frei von »Ja« und »Nein«
und erlangen die heilende Stille.

WENZI

Je länger Sie in der Stille verweilen, je länger Sie an der »Quelle« bleiben, desto heilsamer wirkt sich dieser Zustand auf Körper und Seele aus. Auf diese Weise können Sie Ihren Körper verjüngen, sich von Krankheiten befreien und Ihre eigentliche Natur erkennen.

Dem Atem folgen

Der Atem kann uns in den Zustand der Meditation hineintragen. Allerdings dürfen wir den Atem nicht in irgendeiner Weise dazu zwingen, sondern wir sollten ihn einfach nur entspannt kommen und gehen lassen.

> *Den Atem zur Ruhe bringen heißt,*
> *den Geist zur Ruhe bringen.*
> *Den Geist zur Ruhe bringen heißt,*
> *den Atem zur Ruhe bringen.*
>
> LONG YOU

Je ruhiger und fließender der Atem wird, desto klarer und ruhiger wird auch der Geist. Indem wir dem Ein- und Ausströmen des Atems achtsam folgen, sammeln wir unsere Lebensenergie und betreten das Reich der wohltuenden Stille.

Die Methode der Atemmeditation besteht darin, sich des Atems bewusst zu werden, was nicht heißt, dass wir den Atem dadurch verändern. Der Atem wird sich von selbst verändern. Folgen wir einfach nur dem Auf und Ab der Bauchdecke, die sich beim Einatmen sanft hebt und sich beim Ausatmen wieder senkt. Je weicher der Atem dabei durch die Nasenlöcher strömt, desto besser.

> *Wem es leicht fällt, keine Gedanken aufkommen*
> *zu lassen,*
> *der muss nicht auf den Atem achten.*
> *Wenn jedoch Gedanken auftauchen,*
> *kann der Atem sie wieder zur Ruhe bringen.*
> *Dazu genügt es, die Achtsamkeit auf den Atem*
> *zu lenken,*
> *bis die Gedanken sich verflüchtigen.*
> *Dem Atem zu viel Aufmerksamkeit zu schenken*
> *ist jedoch nicht nützlich.*
>
> ZHANG SANFENG

Den Atem achtsam wahrzunehmen ist besser, als sich mit aller Gewalt auf den Atem zu konzentrieren. Durch Konzentration fixieren wir unseren Geist, durch entspannte Achtsamkeit hingegen ermöglichen wir es ihm, sich frei zu entfalten.

Beobachten Sie Ihren Atem so, wie Sie das Spiel der Wellen am Meer beobachten würden – heiter, entspannt, ein wenig neugierig, aber auf jeden Fall ohne Anstrengung und Willenskraft. Genießen Sie, wie Ihr

Atem Körper, Seele und Geist durchdringt, und genießen Sie die Klarheit, die auf diese Weise ganz von selbst entsteht.

Lauschen

Eine der einfachsten Möglichkeiten, seinen Geist von quälendem oder auch nur unnötigem Gedankenballast zu befreien, ist das Lauschen. Lauschen hat nichts mit oberflächlichem Hören zu tun. Bei der Lausch-Meditation geht es darum, seine ganze Aufmerksamkeit auf die Welt der Klänge zu lenken.

Unser Gehör ist sehr aufnahmefähig. Während wir unsere Augen jederzeit schließen können, sind unsere Ohren immer geöffnet und aufnahmebereit. Damit Lauschen jedoch eine heilsame Wirkung hat, ist es günstig, seine Ohren auf die Geräusche der Natur zu lenken, wie es auch schon die alten Daoisten taten.

Motor-, Baustellen- und Großstadtgeräusche eignen sich als Meditationshilfen nicht besonders gut. Wenn Sie die Augen schließen, »die Welt vergessen« und die Geräusche, die an Ihr Ohr dringen, wahrnehmen, ohne sie einzuordnen, kann allerdings selbst Motorenbrummen Meditation auslösen; leichter und sinnvoller ist es jedoch, sein Ohr auf harmonischere Klänge zu richten.

Auch wenn Sie in der Stadt wohnen, können Sie sicher immer wieder einmal in die Natur hinaus gehen. Bei einem Waldspaziergang, einer kleinen Bergwanderung, einem Aufenthalt am Meer oder selbst bei einem Ausflug in den Stadtpark fällt die Kunst des Lauschens besonders leicht.

Naturklänge haben eine heilsame Wirkung auf Körper und Seele. Der »Sound« der Natur ist wesentlich abwechslungsreicher und komplexer als die konservierten Töne einer »Meditationsmusik«. Nützen Sie daher möglichst oft die Gelegenheit, dem Sausen des Windes, dem Rascheln der Bäume oder dem kräftigen Brausen des Sturms zu lauschen.

Bei einem Waldspaziergang können Sie Ihre Achtsamkeit auf den Gesang der Vögel richten. Wenn Sie sich für einige Zeit am Meer aufhalten, sollten Sie sich einmal in den Sand setzen und den Geräuschen des Meeres und der Wellen lauschen, die auf den Strand treffen.

Es gibt viele Gelegenheiten, zu lauschen und dadurch innerlich still zu werden: das Plätschern des Regens im Teich, das Laub, das unter Ihren Füßen raschelt, der Hagel, der auf das Dach schlägt, das Donnern eines nahenden Gewitters, der Gesang der Vögel, das Fließen des Baches …

Alles, was Sie tun müssen, ist, sich mit der Natur zu verbinden, die Augen zu schließen, die Ohren zu öffnen und den Geist zur Ruhe kommen zu lassen. Lauschen Sie den Klängen des Universums, als würden Sie einer kosmischen Musik lauschen. Auch dies ist eine Art, dem Dao zu folgen – sanft, fließend und ohne Anstrengung.

Mit Poesie leben

Die Daoisten hatten einen ausgesprochenen Sinn für Poesie. Sie liebten die Schönheit der Natur und drückten diese Schönheit durch Musik, Malerei und Dichtung aus.

Wenn wir uns umsehen, erkennen wir, dass unsere Welt sehr nüchtern geworden ist. Zahlen, Tabellen, Formulare, Aktienkurse, Steuererklärungen, Rechtschutzversicherungen – alles nicht gerade poetische Dinge. Je weiter der Mensch sich von seinem natürlichen Ursprung entfernt, je zivilisierter er wird, je mehr er funktionieren und leisten muss, desto mehr stirbt seine Kreativität.

Dem Dao folgen wir, indem wir wieder Mut zur Kreativität haben. Kreativität bietet viele Möglichkeiten, in meditative Zustände zu versinken und die verlorene Schönheit wiederzuentdecken.

Warum sollten wir uns mit einem grauen Alltag zufriedengeben, wenn wir ihn genauso gut farbenfroh und sinnlich machen können? Eintönigkeit und Routine gehören nicht zu unserer wesenhaften Natur. Dem Weg der Natur folgen, das heißt auch, zu malen, zu musizieren, Gedichte zu schreiben oder auf ganz eigene Art und Weise kreativ zu werden.

In allem, was wir tun, können wir kreativ sein, unserer Lebensfreude Ausdruck verleihen, uns in Einklang mit dem Dao bringen. Wenn wir das tun, was unserem innersten Wesen entspricht, wird das immer etwas

Wertvolles sein. Dieser Wert steckt jedoch nicht im Äußeren, in dem »Werk«, das wir schaffen, wenn wir kreativ sind. Nicht das Getane ist das, was wertvoll ist, sondern das Tun selbst. Es geht nicht darum, irgendetwas besonders Großartiges oder gar Perfektes herzustellen. Das Großartige und Perfekte ist vorhanden – nämlich im kreativen Tun oder der poetischen Betrachtung selbst.

Jeder von uns kann nur dadurch gewinnen, dass er kreativ wird. Und jeder hat das Recht, kreativ zu sein, auch wenn das, was dabei herauskommt – etwas, was die Daoisten noch nie gekümmert hat –, den Ansprüchen der Kunstkritiker nicht gerecht wird.

Es gibt keinerlei Grund dazu, Angst vor der Kreativität zu haben. Scheuen Sie sich nicht, mit Aquarellfarben herumzuexperimentieren, einer Bambusflöte einige Töne zu entlocken, laut und falsch zu singen, kitschige Gedichte zu schreiben oder in Ihrem Zimmer herumzutanzen, wenn Ihnen danach zumute ist!

Wichtig ist gerade, dass Sie sich keine Gedanken darüber machen, wie andere Ihr Tun bewerten. Nach welchen Maßstäben können Außenstehende Ihre Kreativität denn schon bewerten? Doch nur danach, wie das Ergebnis ist. Das Entscheidende ist aber nicht das Ergebnis, sondern der Weg dorthin, das kreative, freie, freudige Tun.

Poesie, Farben, Düfte und Klänge sind sehr wichtig für unsere seelische und körperliche Gesundheit. Menschen, die dem Dao folgen, denken nicht lange über Resultate nach. Offen und neugierig wie Kinder beschäftigen sie sich mit allem, was ihnen Freude macht. Auch das ist eine Art, sanft mit sich umzugehen, seiner inneren Natur zu folgen und Meditation zu praktizieren.

Wer sich an das große Ur-Bild hält,
zu dem kommen die zehntausend Dinge.
Sie kommen zu ihm und leiden keinen Schaden,
finden Frieden, finden Ruhe, finden Einigkeit.

Musik und Speise verlocken den
verweilenden Wanderer.
Das Dao jedoch:
fade für den Gaumen,
unsichtbar fürs Auge,
klanglos für das Ohr.
Wer aber nach ihm handelt, dem versagt es nichts.

LAOZI

Der daoistische Weg zum Ziel

Beim Nicht-Tun angelangt bleibt nichts ungetan.
Die wahre Herrschaft über die Welt
erlangt nur, wer frei von Geschäftigkeit.
Die Geschäftigen sind nicht fähig,
die wahre Herrschaft über die Welt zu erlangen.

LAOZI

Kennen Sie auch den Spruch, nach dem die Götter vor den Erfolg den Schweiß gesetzt haben? Lassen Sie sich davon nicht irreführen – die Götter haben wahrlich Besseres zu tun!

Den Daoisten war klar, dass wirklicher Erfolg nur möglich ist, wenn man nicht gegen seine eigene Natur arbeitet. Erfolg wird sich nur dann mühelos einstellen, wenn man sich nicht darum bemüht. Mit großen Mühen werden Sie Ihren Erfolg dagegen nur mühevoll, im Schweiße Ihres Angesichts erreichen, wenn überhaupt. Sie können es sich aussuchen.

Offensichtlich gibt es ganz unterschiedliche Arten, Erfolg zu definieren:

Erfolg ist, wenn man viel hat (z. B. viel Geld, ein teures Auto, ein großes Haus usw.).

Erfolg hat man, wenn man angesehen ist (z. B. als Künstler, als Chef einer Firma, als Vorgesetzter).

Erfolg ist Macht (über Untergebene, über die Wähler, über die Familie, über das Publikum).

Nun, das alles ist ja ganz nett. Aber was hilft einem Geld, Ruhm, Ansehen, Macht, wenn man unglücklich ist?

Das sei ja nun wirklich eine Binsenweisheit, meinen Sie vielleicht. Dass Geld nicht glücklich macht, wisse schließlich jeder. Andererseits macht es auch nicht unglücklich. Dasselbe gilt natürlich für immaterielle Werte wie Ruhm, Macht oder Ansehen.

Aber warum sagt dann niemand: *Erfolg hat man, wenn man glücklich ist.*?

Erfolg haben wir, wenn wir das erreichen, was wir uns vornehmen. Und warum nehmen wir uns etwas vor? Damit wir auf irgendeine Art und Weise glücklicher, froher, zufriedener werden. Also: Erfolg soll letztlich immer unserem Glück dienen. Erfolg steht mithin nicht im leeren Raum. Es gibt keinen Erfolg um des Erfolges willen!

Wenn Ihnen das völlig klar ist, können Sie sich jetzt ein paar Ziele aufschreiben, in denen Sie Ihren Erfolg verwirklichen wollen. Und dann machen Sie einmal eine kleine Übung: Stellen Sie sich zu jedem der angegebenen Ziele die Frage: »Wozu dient das genau?« und auch der Antwort, die Sie geben, stellen Sie diese Frage.

Was würden Daoisten wohl zum Thema Erfolg sagen?

> *Das Ziel, das du fest packen musst –*
> *lass es, es lohnt der Mühe nicht.*
> *Dein Ziel kommt zu dir –*
> *wenn du nur endlich einmal stillstehen würdest …*
>
> WEN DAOFENG

Die Daoisten würden es also schon einmal ablehnen, dem Erfolg hinterherzulaufen. Wenn Sie Ihren Zielen mühsam hinterherrennen müssen: Sind sie dann wirklich für Sie geeignet?

Ohne Anstrengung handeln

> *Wir setzen den Dingen Widerstand entgegen und*
> *reiben uns an ihnen auf, bis wir uns doch wieder*
> *unterordnen müssen: Unser Handeln gleicht einem*
> *galoppierenden Pferd, dem niemand Einhalt zu*
> *gebieten vermag – wie bedauerlich. Ein Leben lang*
> *mühen wir uns ab und haben doch keinen Erfolg.*
> *Wir erschöpfen uns in der Arbeit, ohne einen Sinn*
> *darin zu sehen. Sollten wir darüber nicht betrübt sein?*
>
> ZHUANGZI

Zhuangzi meint natürlich nicht, dass wir betrübt sein sollten – sondern nur, dass wir aufhören sollten, den Dingen Widerstand entgegenzusetzen, uns an ihnen aufzureiben. Dann werden wir Erfolg haben!

Wie machen wir das eigentlich: den Dingen Widerstand entgegensetzen? Nun, auf kaum einem Gebiet sind die Menschen so einfallsreich wie darin, sich selbst das Leben schwer zu machen. Das geht oft schon morgens los: Ach, wie schrecklich! Jetzt muss ich zur Arbeit, oh Gott, oh Gott! Ich würde viel lieber noch länger schlafen. Und am Wochenende kommt Tante Erna, auch das noch! Und so weiter und so fort …

Und schon ist zumindest einmal der Morgen schrecklich. Dann wird es ja auch nicht schwerfallen, den Rest des Tages als Bußübung zu betrachten.

Am meisten Widerstand setzen wir unserem Erfolg entgegen, wenn wir uns selbst niedermachen:

»Das schaffe ich ohnehin nicht!«
»Das kann ich nicht!«
»Dafür bin ich noch nicht bereit.«

Dabei ist es denkbar einfach, den Dingen *keinen* Widerstand entgegenzusetzen. Dafür müssen Sie nichts tun, zumindest nichts Unangenehmes – Sie brauchen sich zum Beispiel keine Gründe dafür einfallen lassen, warum der Tag schlecht ist oder warum Sie ein Ziel, das Sie wirklich erreichen möchten, nicht erreichen.

Wu Wei – Aktiv Nicht-Tun

Den Dingen keinen Widerstand entgegensetzen – das bedeutet natürlich nicht, dass wir unserem Glück näher kommen, indem wir uns »hängen lassen«, uns alles gleichgültig wird und wir uns gar keine Ziele setzen.

Die Daoisten haben für die Geisteshaltung des Aktiven Nicht-Tuns einen Begriff: *Wu Wei*. Die wörtliche Bedeutung von Wu Wei ist »Nicht-Einmischung« – seine tiefere Bedeutung ist »bedachtes Tun«, »aufmerksames Handeln«, »Handeln im Einklang mit der Natur« oder »waches Bewusstsein«.

Die Daoisten würden also sagen, dass wir uns natürlich gerne Ziele setzen können, dass wir uns aber davor hüten sollten, diese Ziele durch Willensanstrengungen und ständiges Beschäftigtsein erreichen zu wollen. Die Konsequenzen einer Handlung sind letztendlich kaum absehbar, und daher ist es sinnvoll, immer mit wachem Bewusstsein zu handeln – oder noch besser: nicht zu handeln.

Ein Zweig der Physik, die Chaostheorie, die versucht, die komplizierten Wechselwirkungen in natürlichen Systemen (z. B. Flüsse, die Atmosphäre oder auch Lebewesen) zu verstehen, hat gezeigt, dass kleinste Ereignisse gewaltige, nicht voraussehbare Wirkungen haben können. Manchmal klingen die Chaosforscher geradezu daoistisch.

Kann der Flügelschlag eines Schmetterlings in Brasilien
einen Wirbelsturm in Texas auslösen?

EDWARD N. LORENZ

Das, was die moderne Physik erst vor Kurzem entdeckt hat, wussten bereits die Daoisten: Alle Dinge sind miteinander verbunden. Ein jedes Ereignis hat Folgen für alle weiteren Ereignisse. Exakte Berechenbarkeit und klare Ordnung sind nicht die Regel, sondern absolute Ausnahmen.

Je mehr wir uns in unübersehbares Tun verstricken, desto unübersehbarer wird unser Leben. Wenn wir von der Sicht der wechselseitigen Verbundenheit aller Dinge ausgehen, ist das Wu Wei der Daoisten die vernünftigste Art und Weise, unser Tun einigermaßen überschaubar und sinnvoll zu gestalten.

Jien Wu sprach zu Zie Yu, dem Einfältigen: »Der edle Herr sagte, dass niemand es wagen wird, Gehorsam und Dienst zu verweigern, wenn der Fürst höchstselbst die Richtlinien vorgibt und mit Gerechtigkeit als Maßstab die Menschen beherrscht.« Da sprach Zie Yu, der Einfältige: »Unfug ist das. Will jemand auf diese Weise die Welt ordnen, gleicht er einem, der das Meer durchschreiten, dem Großen Fluss ein Bett graben und einer Mücke einen Berg aufladen möchte. Ist die

Ordnung des Berufenen vielleicht eine Ordnung
der äußeren Dinge? Wenn alles ist, wie es sein soll,
dann geht es leicht, dass jeder seine Arbeit tut.
Der Vogel fliegt empor, um dem Pfeil des Jägers zu
entfliehen, die Maus gräbt sich in die Erde,
um der Gefahr zu entgehen. Sollte es den Menschen
weniger gelingen, sich dem Zwang zu entziehen,
als den unvernünftigen Tieren?«

ZHUANGZI

Die Welt sorgt für sich selbst. Entstehen Missklänge, so entstehen sie stets dadurch, dass jemand versucht, den Dingen, den Menschen, der Welt seinen Willen aufzuzwingen. Und das geht niemals gut. Wie schön wäre es für die Menschen, wenn Führer, Herrscher, Mächtige und Machtbesessene dies verstünden …

Unsere Ziele erreichen wir nicht durch gewaltsames Durchsetzen unseres Willens. Wir erreichen sie durch bedachtes, im Einklang mit uns selbst und der Welt stehendes Handeln, durch Wu Wei. Bei aller Bedachtsamkeit und Bewusstheit ist jedoch Ängstlichkeit immer ein schlechter Lehrmeister. Vor allem die Angst davor, neue Möglichkeiten zu erkunden, ist immer ein Fehler. Wu Wei heißt: nicht ängstlich, nicht unbedacht zu handeln und nicht im Glauben, alles zu wissen.

Der Weg zum Ziel

Nun wird es aber Zeit, Ihnen zu zeigen, wie Sie mithilfe daoistischer Einsichten Ihre Ziele erreichen.

Eigentlich ist es ganz einfach: Ein Ziel, mit dem Sie in natürlichem Einklang stehen, werden Sie ohnehin erreichen, weil Sie dann dem Dao folgen und nicht wider Ihre Natur handeln. Das ist aber leichter gesagt als getan. Wie findet man denn ein Ziel, mit dem man in natürlichem Einklang steht?

Wu Xing – *Die Fünf Wandlungsphasen*

Im alten China erforschten die Daoisten die Wege der Natur und erkannten, dass alle natürlichen Vorgänge bestimmten Prinzipien folgen. Um diese Prinzipien zu erfassen und auf intuitive Weise Einsicht in größere Zusammenhänge zu gewinnen, betrachteten sie die unterschiedlichen Kraftimpulse als Elemente. Wenn nun von Elementen die Rede ist, so sind damit natürlich nicht die chemischen Elemente unserer westlichen Wissenschaften gemeint, sondern grundlegende Kräfte, die in der Natur zu finden sind. Die Daoisten bezeichneten diese Kräfte als Feuer, Erde, Metall, Wasser und Holz.

Die Fünf Elemente heißen im Chinesischen W*u Xing,* was auch als *Fünf Wandlungsphasen* übersetzt werden kann. Diese Wandlungsphasen oder Wesenskräfte sind überall in der Natur wiederzufinden: in den Jahreszeiten, in den Persönlichkeiten der Menschen, in Geschmacksrichtungen, in Farben, Formen, Energien oder Nahrungsmitteln. Die Bedeutung der Lehre von den Fünf Elementen besteht darin, dass sie zeigt, wie jede natürliche Veränderung bestimmten Prinzipien folgt. Aus diesen Prinzipien ergeben sich keine *Regeln,* sondern *Einsichten.*

Diese Fünf Wandlungsphasen können Sie auch dazu verwenden, um sich von Ihren Zielen ein besseres Bild zu machen und um in Einklang mit Ihrem Ziel zu kommen – dann wird es kaum noch etwas geben, das Sie davon abhalten könnte, erfolgreich zu sein und Ihr Ziel zu erreichen.

Die Fünf Elemente oder Wandlungsphasen stehen in einer kreisförmigen Wechselbeziehung, einem *Zyklus.* Es gibt zwei wichtige Zyklen, den »Nährungszyklus«, der zeigt, wie ein Schritt auf natürliche Weise zum nächsten führt, und den »Kontrollzyklus«, der verdeutlicht, wie sich verschiedene Vorgänge gegenseitig kontrollieren.

Beim Nährungszyklus (siehe Schema auf Seite 142) sieht das so aus: *Feuer* verbrennt Materie, die dann zu *Erde* wird; die *Erde* bringt *Metall* hervor; *Metall* fängt *Wasser* auf; *Wasser* lässt *Holz* wachsen – das »Ziel« ist erreicht, doch der Kreislauf beginnt nun von Neuem: *Holz* nährt das *Feuer* …

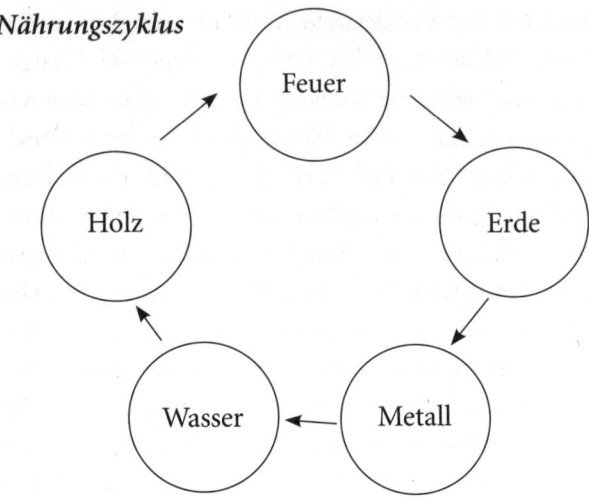

Nährungszyklus

Feuer

Erde

Metall

Wasser

Holz

Beim Kontrollzyklus ist es ähnlich: *Feuer* schmilzt *Metall*; dieses schneidet *Holz*; Bäume halten mit ihren Wurzeln die *Erde* fest; die *Erde* dämmt den Fluss des *Wassers* ein – *Wasser* seinerseits kontrolliert das *Feuer*. Und auch dieser Kreis schließt sich.

Bisher ist das noch etwas abstrakt, aber Sie werden gleich sehen, wie praktisch die Lehre von den Fünf Elementen sein kann.

Betrachten wir zunächst einmal ein ganz einfaches Beispiel: die Ernährung.

Sehen wir uns an, was die beiden Zyklen hierbei zu bedeuten haben.

Zunächst der Versorgungskreislauf: Am Beginn der Nahrungsaufnahme sollte ein Hungergefühl (Feuer) stehen. Wenn wir essen, obwohl wir keinen Hunger haben, wird der natürliche Ablauf der folgenden Wandlungsphasen gestört. Haben wir Hunger, führt das dazu, dass unsere Aufmerksamkeit unserem Körper (Erde) zugewandt ist und unser Körper uns sagt, welcher Nahrung wir bedürfen. Nun folgt der nächste natürliche Schritt: Wir wählen aus der verfügbaren Nahrung aus (Metall), was wir essen. Wenn wir essen, passen wir diese Auswahl den Gegebenheiten an (Wasser), indem wir uns an der tatsächlichen Beschaffenheit der Nahrung orientieren, die wir durch unseren Geschmacks- und Geruchssinn wahrnehmen. (Wenn Sie beispielsweise einen Apfel ausgewählt haben, werden Sie ihn dennoch

Kontrollzyklus

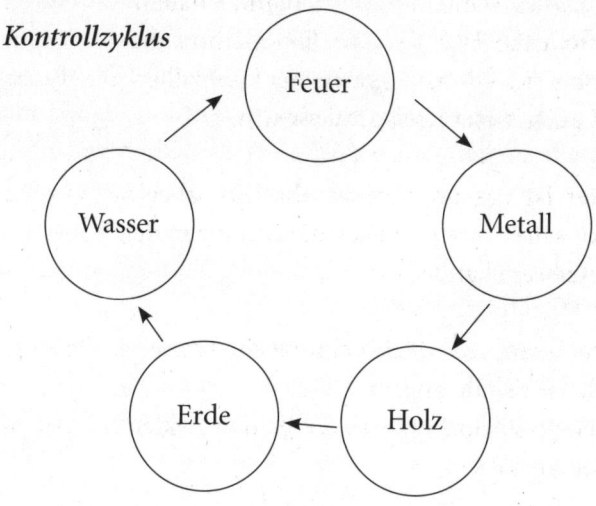

nicht essen, wenn er faul oder wurmstichig oder unreif ist.) Wenn wir dann satt sind, verdauen wir die Nahrung; dadurch wird unser Körper aufgebaut (Holz). Nachdem wir nun unsere Bedürfnisse auf körperlicher Ebene erfüllt haben, sind wir bereit für einen neuen Anfang, für einen neuen Hunger (Feuer), beispielsweise den Hunger nach Erkenntnis.

Der Kontrollzyklus hat, was die Ernährung betrifft, folgende Bedeutung: Wenn wir Hunger (Feuer) haben, aber keine Nahrung zur Verfügung steht, hilft es nichts, sich mit dem Hunger zu quälen. Der Kontrollzyklus zeigt, dass wir uns den Gegebenheiten anpassen (Wasser) sollten, wenn es nicht möglich ist, den nächsten Schritt zu tun. Wenn wir unsere Nahrung auswählen (Metall), sollten wir darauf achten, dass dies von einem echten Bedürfnis (Feuer) bestimmt wird, nicht von bloßer Gier. Müssen wir unsere Körperkräfte aufbauen (Holz), ist es besonders wichtig, richtig aus der vorhandenen Nahrung auszuwählen (Metall). Ist unsere Aufmerksamkeit unserem Körper (Erde) zugewandt, weil wir an Schmerzen oder einer Krankheit leiden, ist es notwendig, unsere Körperkräfte aufzubauen (Holz). Die richtige Anpassung an die Bedürfnisse (Wasser) wird davon gesteuert, wie aufmerksam wir unserem Körper zuhören (Erde).

Und nun sehen wir uns einmal an, was das für Ihre Zielbestimmung bedeutet:

Feuer: Das Element Feuer entspricht einem Bedürfnis. Dieses Bedürfnis setzt etwas in Bewegung. Machen Sie sich klar, was Ihr Ziel genau ist. Benennen Sie es ganz konkret, setzen Sie einen Zeitrahmen, in dem Sie Ihr Ziel erreicht haben wollen, und achten Sie darauf, dass Sie Ihr Ziel aufgrund eigener Kompetenz erreichen können.

Erde: Das Element Erde steht für das Konkrete. Sehen Sie sich also einmal alle Einzelheiten Ihres Zieles an. Führen Sie sich die Zielmerkmale vor Augen, anhand derer Sie erkennen, dass Ihr Ziel erreicht ist. Welche Aktivitäten, welche Gefühle, welche Wahrnehmungen sind mit dem Ziel verbunden? Machen Sie sich vor Ihrem inneren Auge ein lebendiges Bild von Ihrem Ziel.

Metall: Das Element Metall entspricht hier der Entscheidung. Es geht um die Entscheidung, ob das gesetzte Ziel wirklich erstrebenswert ist. Machen Sie sich deutlich, welche Veränderungen in Ihrem Leben eintreten, wenn Sie es erreichen. Hat es Sie weitergebracht, Ihr Ziel erreicht zu haben, oder lässt es Sie unbefriedigt zurück?

Wasser: Das Element Wasser steht für Anpassung. Alles hat seinen Gegenpol. Auch das positivste Ziel hat eine andere, dunkle Seite. Wenn Sie nicht auch diese Seite Ihrer Ziele kennen, werden Sie oft böse Überraschungen erleben.

Wie wichtig es ist, nicht nur auf den positiven Teil eines Zieles zu achten, zeigt eine Anekdote aus den Schriften des daoistischen Meisters Lie Zi:

> *Ein armer Bauer wünschte sich nichts mehr, als reich zu sein. Eines Tages legte er seinen Mantel an und begab sich in die Stadt. Als er über den Markt ging und darüber nachdachte, wie schön es doch wäre, reich zu sein, sah er den Fürsten, der einige schwere Goldketten trug. Ohne nachzudenken stürzte sich der arme Bauer auf den Fürsten und entriss ihm eine der Goldketten. Doch als er fliehen wollte, wurde er sogleich gefasst. Der Richter fragte streng: »Wie konnte dir nur einfallen, mit dem Gold fliehen zu können – hast du nicht gesehen, dass der Markt voller Leute war, die dich erkannten?« Der arme Bauer antwortete niedergeschlagen: »Edler Herr, der Anblick des Goldes überwältigte mich so sehr, dass ich die Menschen nicht gesehen habe.«*

Es ist ratsam, nicht denselben Fehler zu machen wie der arme Bauer und sich nicht vom Glanz eines Zieles so sehr blenden zu lassen, dass man die dunkle Seite nicht mehr sieht.

Holz: Das Element Holz schließlich steht für den organischen Aufbau. Überlegen Sie, welche Fähigkeiten, Kräfte, Fertigkeiten Sie brauchen, um Ihr Ziel zu erreichen. Führen Sie sich dann vor Augen, in welchen Situationen Sie diese Fähigkeiten schon einmal gezeigt haben. Denn Sie haben, auch wenn Sie das noch nicht wissen, bereits alle Fähigkeiten, die Sie brauchen, um Ihre wahren Ziele zu erreichen.

Nun schließt sich der Kreis der Wandlungsphasen – nach dem Element Holz kommt das Element Feuer. Wenn die Zielvorstellung die Fünf Wandlungsphasen durchlaufen hat, taucht jetzt ein neuer Hunger, ein neues Bedürfnis auf: nämlich das, sich auf sein Ziel loszubewegen.

Wenn Sie Ihr Ziel vor Augen haben und das Ziel eines ist, das im Einklang mit Ihrer Persönlichkeit steht, werden Sie es erreichen, indem Sie das tun, was Sie gerne tun.

Die Fünf Elemente können Ihnen helfen, diese natürlichen Zusammenhänge besser zu verstehen. Aber wenn es Ihnen zu kompliziert erscheint – machen Sie sich keine Sorgen darüber. Die Fünf-Elemente-Lehre steht nicht in der Prüfungsordnung für Daoisten ... Sie ist nur ein Hilfsmittel, das der Orientierung dienen kann.

Kampflos siegen

Wenn Sie sich auf den Weg gemacht haben, Ihr Ziel zu verwirklichen, ist es gut, wenn Sie sich von der Vorstellung lösen, dass Sie um Ihren Erfolg kämpfen müssen.

Erfolge, die wirklich lohnende Ziele verwirklichen, sind nicht mit Schweiß und Mühe zu erreichen, sie müssen nicht errungen werden – sie stellen sich von selbst ein, wenn Sie »dem Dao folgen«, das heißt dann, wenn Sie mit Ihren Zielen eins sind. Denn wenn Sie eins mit Ihrem Ziel sind – was könnte dann noch zwischen Ihnen und Ihrem Ziel liegen?

Machen Sie sich klar: Sind die Gedanken erregt, wird der Geist angestrengt; arbeitet man stundenlang mit zusammengebissenen Zähnen, ist letztlich nichts erreicht. Ihre geistigen und seelischen Kräfte wirken dann am positivsten und stärksten, wenn Sie sie Ihrer Natur gemäß einsetzen – wenn Sie einfach dem Dao folgen.

Sicherlich kennen Sie folgende Phänomene: Sosehr Sie auch einschlafen wollen – es klappt einfach nicht. Sosehr Sie für die Aufmerksamkeit eines anderen Menschen kämpfen – er würdigt Sie keines Blickes. Oder vielleicht noch deutlicher: Sie denken über ein mehr oder weniger schwieriges Problem nach und kommen schließlich an einen Punkt, an dem Sie stecken bleiben und nicht mehr weiterwissen. Entnervt geben Sie auf. Wenig später aber, wenn Sie gar nicht mehr an das Problem denken, finden Sie die Lösung. Je weniger Sie sich bemühen, desto besser gelingt es.

Viele Menschen versuchen, ihren Willen mit aller Kraft einzusetzen, um etwas zu erreichen. Doch nicht die Menschen mit dem stärksten Willen sind am erfolgreichsten, sondern diejenigen, die ganz und gar bei einer Sache sind, die das, was sie tun, mit Freude tun – kurz:

die ihrer Natur folgen! Am erfolgreichsten ist also, wer den Erfolg nicht vorsätzlich herbeizuzwingen versucht.

Ein guter Feldherr braucht keine Gewalt,
ein guter Kämpfer empfindet keinen Zorn,
ein guter Sieger wünscht keine Vergeltung,
ein guter Herrscher bleibt demütig.

Das ist die Wahre Kraft des Nicht-Streitens,
die Kunst der Menschenführung,
mit dem Himmel im Einklang sein.

LAOZI

Das Geheimnis der Nutzlosigkeit

Was Sie Ihrem Erfolg näher bringt, können Sie niemals bis in alle Einzelheiten voraussehen. Wenn Sie sich darauf beschränken, Dinge zu tun, die Sie erst nach gründlicher Überlegung als nützlich erkennen, verzichten Sie auf einen großen Teil Ihres Potenzials.

Da gibt es den Krüppel Shu. Sein Kinn berührt den
Nabel, seine Schultern stehen ihm über dem Kopf,
sein Hals ragt spitz zum Himmel, der Rücken ist oben,
die Schenkel sind wie Rippen. Und doch kann er

durch Waschen und Nähen seinen Magen füllen und
indem er das Orakel legt, verdient er genug, um zehn
zu ernähren. Wenn die Regierung Soldaten einzieht,
kann ein Krüppel lachend beiseite stehen; wenn
Fronarbeiter eingezogen werden, geht er wegen seines
Zustands frei aus. Wenn die Regierung Korn für die
Bedürftigen ausgibt, bekommt er die dreifache Ration
und Feuerholz dazu. So kann einer, dessen Leib
verkrüppelt ist, sich selbst erhalten und sein Maß
an Jahren leben. Denk nur, was er erst tun könnte,
wäre auch seine Tugend verkrüppelt!

ZHUANGZI

Gerade Dinge, die Ihnen vielleicht auf den ersten Blick nutzlos erscheinen, können Sie auf unerwartete Weise weiterbringen. Einfallsreichtum, Kreativität, Intuition oder Einfühlungsvermögen sind Eigenschaften, die Sie Ihrem Erfolg auf jeden Fall näher bringen – ganz egal, wie Sie sich Ihre Ziele gesetzt haben. Diese Fähigkeiten erwerben Sie jedoch nicht durch ein festgelegtes Übungsprogramm, sondern durch »nutzloses Tun«. Kultivieren Sie nutzloses Tun und fördern Sie Ihre verborgenen Möglichkeiten: Tanzen Sie, singen Sie, malen Sie, lernen Sie ein Instrument zu spielen, schreiben Sie Gedichte …

Wichtig dabei ist nur, dass Sie kein unangebrachtes Leistungsdenken entwickeln. Das Tun an sich ist wichtig, nicht das, was dabei »herauskommt«. Absichtsloses, nicht auf den Effekt gerichtetes Tun wird Sie nicht nur Ihren konkreten Zielen auf überraschende Art und Weise näher bringen, sondern wird Ihr ganzes Lebensgefühl verändern. Absichtsloses Tun kann wunderschön sein. Geben Sie Ihren Gefühlen Ausdruck durch Tanzen, Singen, Malen, Musizieren oder Dichten und Ihre Lebensfreude wird Ihnen zeigen, dass Sie auf dem richtigen Weg sind.

Nichts auf der Welt gleicht dem Wasser

> *Nichts auf der Welt gleicht dem Wasser*
> *in Nachgiebigkeit und Weichheit.*
> *Und doch vermag nichts so wie das Wasser*
> *das Harte und Starre zu bezwingen.*
>
> LAOZI

Als Laozi dies im Daodejing schrieb, sprach er damit eine der wichtigsten daoistischen Weisheiten an. Wenn Daoisten vom glücklichen und naturgemäßen Leben sprechen, wird immer wieder das Beispiel des Wassers genannt.

Tatsächlich ist Wasser ein hervorragendes Bild für daoistisches Leben: Das Wasser ist willenlos, und doch erreicht es sein Ziel mühelos und ohne Anstrengung.

Zielstrebig, doch ohne sich um das Ziel zu bemühen, fließt das Wasser von seiner Quelle zum Meer. Ohne Mühe überwindet es jedes Hindernis, das ihm im Weg steht. Bewegliches bewegt es, Unbewegliches umfließt es. Auf seinem Weg vollbringt Wasser große Leistungen: Es trägt Schiffe, treibt Mühlräder an, bewässert unfruchtbares Land, wäscht Schluchten in hartes Gestein. Und doch strengt es sich dabei nicht im Geringsten an, sondern tut lediglich das, was in seiner Natur liegt.

Ist es nicht sinnvoll, sich das Wasser zum Vorbild zu nehmen, um seine Ziele zu erreichen? Ihre Ziele liegen in Ihrer Natur. Lassen Sie Ihre Kräfte einfach wirken, um Sie dem näherzubringen, wohin es Sie zieht. Halten Sie sich nicht damit auf, unsinnig gegen Hindernisse anzulaufen, sondern fließen Sie darüber hinweg oder darum herum. So kommen Sie am schnellsten an Ihr Ziel.

Oder können Sie sich vorstellen, dass ein Fluss seinen Lauf beschleunigt, um schneller ans Meer zu kommen, dass er an Hindernissen einfach stehen bleibt, statt weiter seinem natürlichen Pfad zu folgen? Oder gar, dass er beschließt, nicht zum Meer zu fließen, sondern erst einmal auf den Berg, dann zurück, dann woanders hin?

Warum sollten Sie es tun?

Das Weiche siegt über das Harte

Das nenne ich klare Einsicht:
Das Weiche besiegt das Harte.

LAOZI

Was beim Wasser jedem einleuchtet, erscheint vielen plötzlich unrealistisch, wenn es um die eigene Person, um das Erreichen gesetzter Ziele, um den Erfolg im Leben geht.

Dass die daoistischen Lehren durchaus praktisch anwendbar sind, kann man besonders gut an den chinesischen Kampfkünsten erkennen, von denen wohl »Kung Fu« und Taijiquan die bekanntesten sind.

Wie ist die friedvolle und gelassene Haltung der Daoisten mit Kampfkünsten vereinbar? Dass manche Menschen hier einen Widerspruch sehen, liegt daran, dass man mit »Kampf« zunächst Aggression, rohe Gewalt und physische Kraft denkt und davon ausgeht, dass das Starke und Harte das Nachgiebige und Weiche selbstverständlich überwindet. Doch die daoistisch beeinflussten Kampfkünste, die sich an das Vorbild des Wassers halten, gehen vom genauen Gegenteil aus: Das Weiche und Nachgiebige ist eben durch seine Weichheit und Nachgiebigkeit unbesiegbar. Die scheinbare Schwäche erweist sich als Stärke.

Ein Taiji-Meister wird einer angreifenden Kraft, zum

Beispiel einem Schlag, nicht aktiv ausweichen. Stattdessen nimmt er die Kraft ohne Gegenkraft auf, lässt sich von der Kraft bewegen und verwandelt sie in eine Drehbewegung. Er verhält sich wie das Wasser: Eine Faust, die auf Wasser schlägt, wird das Wasser nur in Bewegung versetzen, aber keine schädliche Wirkung entfalten können – das Wasser weicht, ohne sich darum bemühen zu müssen, dem Schlag aus und umschließt die Faust.

Wenn sich der Angreifer nun zurückzieht, wird der Taiji-Meister einfach den Kontakt halten und seine ganze Kraft in das Zurückweichen des Angreifers fließen lassen, ihn damit aus dem Gleichgewicht und ohne Gewalt zu Fall bringen.

Tatsächlich siegt also das Weiche über das Harte – und zwar nicht in mystischen Gedankengebäuden oder in der Welt der Analogien, sondern ganz wortwörtlich!

Das Weiche siegt über das Harte,
das Nachgiebige über das Starre:
Wer wüsste das nicht?
Und doch handelt niemand danach.

LAOZI

Siegen, ohne zu kämpfen

Sie haben ja nun schon erfahren, dass Sie, wenn Sie die daoistischen »weichen« Kampfkünste ausüben, ohne Ellbogeneinsatz auskommen. Und genau dasselbe gilt natürlich auch für Ihren täglichen »Lebenskampf«! Machen Sie sich die daoistischen Prinzipien zunutze und siegen Sie, ohne zu kämpfen.

Gerade durch seine Weichheit und Nachgiebigkeit ist das Weiche, Nachgiebige unüberwindlich. Die scheinbare Schwäche des Nachgiebigen und Flexiblen erweist sich als seine Stärke: in der Kampfkunst, bei geschäftlichen Verhandlungen, bei Auseinandersetzungen mit Ihrem Partner, beim Kampf gegen den »inneren Schweinehund«. Wahre Nachgiebigkeit ist der Schlüssel zum Erfolg, was immer Ihr Ziel auch sein mag.

Wahre Nachgiebigkeit ist jedoch etwas ganz anderes als aufgeben, resignieren, sich ausnutzen lassen, zurückstecken oder faule Kompromisse machen. Nachgeben bedeutet, nicht seine eigene Kraft zu vergeuden, um entgegengerichtete Kräfte aufzuhalten, sondern sie umzuleiten und sie für sich arbeiten zu lassen.

Stellen Sie sich Ihren Geist wie einen Bogen vor: Jeder Kraft, die ihn angreift, gibt der Bogen nach, bis er vollends gespannt ist – wenn sich dann die angreifenden Kräfte erschöpft haben, wird die durch die Nachgiebigkeit des Bogens aufgebaute Energie frei und entfaltet enorme Wirkung. Und diese Energie ist fast ausschließlich das Ergebnis der angreifenden Kräfte; wenn der Bogen gespannt ist, muss er sich nicht darum bemühen, den Pfeil dem Ziel entgegenzuschleudern!

Richtig verstandene Nachgiebigkeit ist Lebendigkeit und Flexibilität. Eine solche achtsame, wache Nachgiebigkeit wird Sie nicht nur kampflos siegen lassen: Ihre gesamten geistigen und seelischen Möglichkeiten werden Sie dadurch erweitern. Nachgiebigkeit, die nicht Schwäche ist, bringt Ihnen neue Einsichten – indem Sie achtsam Nachgiebigkeit üben, werden Sie das Wesen entgegengesetzter Energien kennenlernen. Wenn Sie auf diese Art und Weise »kämpfen«, werden Sie sich selbst besser verstehen lernen, wenn Sie innere Konflikte austragen. Und bei äußeren Konflikten werden Sie Ihre Mitmenschen besser verstehen lernen.

Wenn Sie lernen zu siegen, ohne zu kämpfen, haben Sie mehr als nur einen Kampf gewonnen.

Das Dao des Himmels
gleicht dem Spannen eines Bogens:
Das Hohe wird niedergedrückt,
das Untere wird emporgezogen;
was zu viel ist, wird vermindert,
was zu wenig ist, vermehrt.

LAOZI

Die Kunst des inneren Lächelns

Ein Geheimnis der daoistischen Kampfkunst für den Alltagsgebrauch ist das »innere Lächeln«. Wenn Sie sich dieses kleine Geheimnis zunutze machen, werden Sie feststellen, wie allein dadurch die meisten Ihnen entgegengerichteten Energien nicht nur spurlos an Ihnen vorübergehen, sondern Ihnen sogar neue Kraft schenken!

Es gibt eine einfache, aber sehr wirksame Übung zum »inneren Lächeln«. In dieser Übung können Sie lernen, wie Sie die Kunst des inneren Lächelns mit Leichtigkeit meistern und welche Kraft Ihnen das innere Lächeln geben kann.

Schließen Sie die Augen und stellen Sie sich eine Situation vor, in der Sie sehr glücklich und gelassen waren, bis Sie merken, dass ein deutliches Gefühl der heiteren Ruhe in Ihnen erwacht. Atmen Sie tief durch und verbinden Sie dieses Gefühl mit einer kleinen Bewegung, beispielsweise indem Sie Ihre linke Hand auf das Dantian legen, das Energiezentrum unterhalb des Nabels. Wenn Sie das ein paar Mal wiederholt haben, werden Sie Ihr inneres Lächeln leicht finden können – einfach nur, indem Sie diese Bewegung machen. Allein schon durch die mehrfache Wiederholung wird die Bewegung für Ihren Geist zu einem Signal, zu lächeln und sich zu entspannen.

Wann immer Sie also in eine Situation geraten, in der Sie sich bisher aufgeregt haben, führen Sie einfach die Bewegung aus, die Sie mit dem inneren Lächeln verknüpft haben. Positive Gefühle werden sich so wie von selbst einstellen. Je öfter Sie dies praktizieren, desto besser klappt es. Irgendwann brauchen Sie sich die Bewegung nur noch vorzustellen, um das innere Lächeln aufzurufen.

Gerade wenn wir von Erfolg sprechen, ist das innere Lächeln besonders wichtig. Üben Sie diese Kunst in jeder konfliktbeladenen Situation, ob es sich nun um einen inneren oder einen äußeren Zwiespalt handelt. Sie werden feststellen, wie viel mehr innere Heiterkeit und Gelassenheit erreichen kann als Aggression, Gewalt, Wut und Angriff.

Lächeln Sie – es ist ganz einfach!

Folgen Sie Ihrer Natur

Jeder Mensch sucht das Gute, Schöne und Angenehme. Selbst wenn es auf den ersten Blick nicht immer so aussehen mag – letztendlich wollen wir doch alle Glück, Zufriedenheit und innere Ruhe finden. Mitunter geraten wir dabei natürlich auf seltsame Irrwege. Die unerfreulichen Dinge, die sich ja leider in dieser Welt immer wieder ereignen, entstehen nicht etwa aus grundsätzlichen Unterschieden zwischen den Menschen selbst, sondern aus den unterschiedlichen Sichtweisen bezüglich der Wege, die zum Guten und Schönen führen. Diese unterschiedlichen Sichtweisen ziehen dann wiederum unterschiedliche Verhaltensweisen nach sich.

Verschiedenheit ist ja nun etwas Schönes – es wäre schlimm, wenn alle Menschen völlig gleich denken und handeln würden. Weniger schön sind jedoch die Hindernisse und Probleme, die sich die Menschen selbst schaffen: nicht, weil sie sich in ihrer Einzigartigkeit verwirklichen, sondern weil sie ihrer Natur zuwiderhandeln.

Über Nachgiebigkeit und das Wesen des Wassers haben wir bereits gesprochen. Dazu noch ein Bild: Wenn Sie lediglich »mit dem Strom schwimmen« und alles tun, wie der Strom es will, folgen Sie nicht Ihrer wahren Natur, sondern werden manipuliert und treiben auf Ziele zu, die nicht die Ihren sind. Wenn Sie »gegen den Strom schwimmen«, machen Sie es sich unglaublich schwer, vergeuden Ihre wertvolle Lebensenergie und kommen nicht voran. Wenn Sie jedoch »dem Lauf des Wassers folgen«, indem Sie auf Ihre wahren Bedürfnisse hören und ihnen keinen Widerstand entgegensetzen, sondern sich von ihnen tragen lassen – dann werden Sie Ihre Ziele mühelos erreichen.

Haben Sie den Mut, den Weg des geringsten Widerstandes zu gehen! Diese Aufforderung kommt Ihnen wahrscheinlich etwas merkwürdig vor, da die Redewendung vom Weg des geringsten Widerstandes in der Regel abwertend gebraucht wird.

Nun gibt es ja in der Tat Menschen, die jedem Hindernis aus dem Weg gehen, jede Anstrengung scheuen, andere durch Untätigkeit und Trägheit ausnutzen und in ihrem eigenen Leben nicht vorankommen. Wenn wir uns solche Menschen jedoch ein wenig genauer ansehen, erkennen wir, dass sie keineswegs den Weg des geringsten Widerstandes gehen. Vielmehr nehmen sie allerhand auf sich, um körperliche oder geistige Anstrengungen zu vermeiden. Glücklich und zufrieden werden sie dadurch allerdings nicht.

Wir meinen also offensichtlich etwas anderes, wenn wir vom »Weg des geringsten Widerstandes« sprechen.

Die meisten von uns haben seit ihrer Kindheit gelernt und verinnerlicht, dass wir unsere ganze Kraft und unseren Willen einsetzen müssen, wenn wir etwas erreichen wollen. Manche Menschen sind so sehr davon überzeugt, sich anstrengen zu müssen, um etwas zu erreichen, dass es ihnen geradezu natürlich und selbstverständlich erscheint. Es ist bedauerlich, dass so viele das Geheimnis wahrer Stärke, das gerade im »Sich-nicht-Anstrengen« liegt, nicht kennen. Wie viel leichter würden sie sich und anderen das Leben machen!

Kennen Sie auch Menschen, die wahre »Glückskinder« sind? Ihnen scheint alles zu gelingen. In jeder Lage bleiben sie gelassen. Sie haben eine starke Ausstrahlung und Wirkung auf andere Menschen und erscheinen durch ihre innere Ruhe voller Kraft. Gegen Krankheiten sind sie offenbar immun und selbst im hohen Alter strahlen sie noch jugendliche Frische aus. Diese Menschen haben das Geheimnis des mühelosen Erfolges durchschaut. Einfach, indem sie ihrer wahren Natur keinen Widerstand entgegensetzen und den Weg des geringsten Widerstandes gehen, erreichen sie alles.

Liu Pang wanderte durch den großen Wald, als er einem alten Mann begegnete, der dabei war, einen großen Baum zu fällen. Liu Pang staunte: Obwohl der Holzfäller wohl schon weit über achtzig Jahre zählte, bewegte er sich mit einer wunderbaren Leichtigkeit um den Baum herum und schon nach kurzer Zeit neigte sich der mächtige Baum. »Wahrlich! Du bist ein großer Meister deiner Kunst!«, sprach Liu Pang. Der Alte entgegnete bescheiden: »Nein, nein. Da irrt Ihr gewiss, edler Herr. Es ist nur so, dass ich alt und schwach bin. Ich habe nur wenig Kraft und so folge ich achtsam der Säge durch die Fasern des Baumes. Ich lasse die Säge den leichtesten Weg gehen, denn so werde ich nicht müde und meine Säge nicht stumpf!« Da verneigte sich Meister Liu Pang vor dem alten Holzfäller, der dem Dao ohne Willen und ohne Absicht so vollkommen folgte.

LONG YOU

Gerade dadurch, dass der alte Holzfäller seinen Willen nicht der Natur entgegensetzte, gerade sein Mangel an äußerer Kraft führten dazu, dass er das, was er tat, vollkommen tun konnte – mittels der inneren Kraft, die seiner Achtsamkeit entsprang und nicht etwa seinem Willen.

Dieses Prinzip gilt nicht nur für alte chinesische Holzfäller. Sie können es jederzeit in Ihrem Alltag anwenden: Sobald Sie nicht verbissen an Ihrem Willen festhalten, können Sie das, was Sie tun, viel müheloser tun – einfach indem Sie darauf achten, wo auf Ihrem Weg am wenigsten Widerstand ist. Wohlgemerkt: Sie gehen Ihren Weg und stürzen nicht die Böschung hinab, nur weil es da nach unten geht! Folgen Sie wie Wasser dem natürlichen Weg zum Ziel.

Wenn Sie diese harmonische Einheit erreichen, werden Sie Leichtigkeit und Freude empfinden, wo Sie sich sonst anstrengen und bemühen müssten.

Lassen Sie sich auf dem Weg zu Glück und Zufriedenheit von Ihren Gefühlen leiten: Wenn Sie sich unangenehm, gestresst, belastet, ausgebrannt, unzufrieden fühlen – dann haben Sie Ihren Weg verlassen. Probieren Sie eine andere Richtung aus.

Wahrer Erfolg ist mühelos und ohne Qualen. Seine Merkmale sind Gelassenheit, Heiterkeit, Freude und Frieden.

Der daoistische Weg zu unendlicher Energie

Der die Fülle Wahrer Kraft bewahrt,
gleicht dem neugeborenen Kind.

LAOZI

Die meisten Menschen haben schon einmal erlebt, wie es sich anfühlt, wenn es einem an Energie fehlt – wenn man morgens kaum aus dem Bett kommt, wenn man sich matt und müde fühlt, man sich nicht konzentrieren und keinen klaren Gedanken fassen kann. Aber wahrscheinlich kennen Sie auch das Gegenteil: Es gibt Tage, da quellen Sie geradezu über vor Tatendrang, fühlen sich wohl und aktiv.

Aber was ist das für eine »Energie«? Ihr Arzt kann sie nicht messen. Und dennoch fühlen Sie selbst ganz deutlich, dass es eine Kraft gibt, über die Sie manchmal verfügen – dann geht es Ihnen besonders gut. Wäre es nicht sehr erfreulich, wenn Sie diese Energie verstärken und jederzeit über sie verfügen könnten? Was könnten Sie nicht alles schaffen, wenn das möglich wäre!

Es *ist* möglich. Sie wissen ja bereits, dass es die Lebensenergie *Qi* ist, von der wir sprechen. Und nachdem Sie die 10 Geheimnisse des Dao kennengelernt haben, wissen Sie auch um Möglichkeiten, diese Energie zu bewahren und zu stärken.

Doch Sie können Ihre Energie auch ganz gezielt erhöhen.

Am spektakulärsten zeigen sich die Möglichkeiten, die sich mit der Kultivierung des *Qi* entwickeln, bei den bekannten Shaolin-Mönchen, die ihre Künste in den letzten Jahren weltweit auf Veranstaltungen demonstriert haben. Da sind Dinge zu sehen, die unglaublich scheinen: Ein Mönch zerschlägt Betonplatten mit dem Kopf, ein anderer schiebt schwere Gewichte mit einem Speer, dessen Spitze an seiner Kehle sitzt, ein weiterer läuft eine fünf Meter hohe Wand empor. Wir haben in China einen Mönch gesehen, der einen »Handstand« auf einem Finger vollbrachte! Manche vermuten Übernatürliches hinter diesen Künsten, andere bewundern nur die große Körperbeherrschung. Doch keines von beiden trifft den Kern der Sache.

Die Fähigkeiten der Shaolin-Mönche und anderer, die sich in den daoistischen Methoden üben, sind keineswegs übernatürlich; ganz im Gegenteil: Diese Menschen nutzen nur das, was in jedem Menschen steckt – ihre Energie, ihr *Qi*. Auf der anderen Seite sind diese Künste nicht bloße Körperbeherrschung. Da mag einer noch so lange ins Fitnessstudio gehen und seinen Körper quälen: Diese Fähigkeiten wird er dadurch nicht erwerben! Natürlich trainieren die Shaolin-Mönche auch körperlich hart; doch das ist nur eine Seite. Ebenso üben sie daoistische Methoden, die es ihnen ermöglichen, ihre Energie perfekt zu nutzen.

Warum erzählen wir Ihnen das alles? Schließlich wollen Sie wahrscheinlich weder Akrobat noch Kampfkünstler oder Shaolin-Mönch werden. Auch ist es wenig sinnvoll, mit dem Kopf Betonplatten zu spalten. Und bitte probieren Sie gar nicht erst aus, ob Sie auf einem Finger stehen können. Worum es geht, ist einfach nur zu erkennen, was alles möglich ist, wenn wir uns mit unseren Energien vertraut machen, wenn wir sie optimal nutzen und lernen, sie zu bewahren und nicht zu vergeuden.

Dazu ist keinerlei Anstrengung oder hartes Training nötig. Gehen Sie nur ganz geduldig folgende drei Schritte:

1. Üben Sie, Ihre Lebensenergie zu bewahren: Beobachten Sie, was Ihnen Energie raubt, und legen Sie es ab. Beobachten Sie außerdem, was Ihnen Energie gibt, und handeln Sie entsprechend.
2. Pflegen Sie die drei großen Kräfte, die Ihre Lebensenergie dauerhaft erhöhen, Mitgefühl, Nachsicht und Vergeben, und lernen Sie die Kunst des inneren Lächelns.
3. Praktizieren Sie ein paar einfache, aber höchst effektive Übungen zur Lenkung des Atems, die die alten Daoisten entwickelten.

Energie sparen

Wie viel mehr Energie könnten wir allein dadurch haben, dass wir unsere Lebensenergie nicht länger mit Dingen vergeuden, die uns nur schaden und keinerlei Vorteile bringen.

Solche Dinge sind beispielsweise

- negative Gedanken und Gefühle über uns selbst
- negative Gedanken und Gefühle gegenüber unseren Mitmenschen
- negative Gedanken und Gefühle über unsere Lebenssituation
- Hassgefühle
- Neid
- Gier

Gedanken und Gefühle sind Ausdrucksformen der Lebensenergie. Positive, ruhige, gelassene, friedvolle, liebende Gedanken und Gefühle erhöhen die Lebensenergie, negative Gedanken und Gefühle hindern den Fluss der Lebensenergie – und Energie, die stillsteht, ist verloren.

Die Energie unserer Gedanken und Gefühle wirkt sich auch auf unser Leben aus: Wenn wir mit Gelassenheit und Heiterkeit in die Welt sehen, erscheint sie für uns schön und hell, während sie düster und dunkel erscheint, wenn wir sie durch den Filter negativer Gefühlen und Gedanken wahrnehmen.

Dass *Hass* eine zerstörerische Energie ist, bedarf wohl kaum einer eingehenden Begründung. Der Hauptgrund aber, weshalb Hassgefühle so gefährlich sind, ist, dass Hass wieder Hass und Aggression erzeugt. So entsteht ein Teufelskreis.

Überdies wirken sich Hassgefühle vernichtend auf die Lebensenergie aus – alle Energien des Körpers und Geistes werden auf das Gefühl des Hasses gerichtet und verbrennen dort. Unsere Energie steht dann nur noch für das zur Verfügung, auf das sich der Hass richtet.

Hass schadet vor allem dem, der hasst: Wer einem schwierigen Kollegen mit Abneigung begegnet, wer sich über aggressive oder langsame Autofahrer aufregt, wer andere Weltanschauungen, Nationalitäten, Lebensweisen, Religionen oder Hautfarben verachtet – der wird immer sich selbst Schaden zufügen und überdies den Keim weiteren Hasses säen.

Das Herz des Weisen ist nicht abgeschlossen;
es nimmt die Herzen aller Menschen in sich auf.
Er ist gut zu den Guten,
er ist gut zu den Unguten –
so vermehrt er die Güte.
Er vertraut den Vertrauenswürdigen,
er vertraut den Nicht-Vertrauenswürdigen –
so vermehrt er das Vertrauen.

LAOZI

Auch *Neid* ist ein großes Hindernis auf dem Weg zur Vervollkommnung. Und dabei ist Neid doch ein völlig unnötiges und hinderliches Gefühl. Jemand, der in irgendeiner Hinsicht weiter ist als man selbst, sollte doch eigentlich ein Grund zur Freude sein! Denn jeder Mensch, der weiter ist als man selbst, kann einem als Modell und Vorbild dienen und damit zu einer großen Hilfe und Motivation werden.

Wenn Sie glückliche, erfolgreiche, talentierte, weise Menschen sehen, sollten Sie nur Freude, Bewunderung und Zustimmung empfinden. Und wenn Sie auf Menschen treffen, denen es materiell besonders gut geht, sollten sie ihnen ihren Reichtum gönnen und doch zugleich bedenken, dass der wahre Weg zu Glück, Gelassenheit und Gesundheit nur selten über das Bankkonto führt. Dann werden Sie spüren, dass Sie an Lebensenergie gewinnen. Wenn Sie sich hingegen Neidgefühlen hingeben und dabei darauf achten, was in Ihnen geschieht, werden Sie feststellen, wie viel Energie Ihnen der Neid raubt.

Der Weise nimmt den Schuldschein,
doch treibt er die Schuld nicht ein.
Wer Wahre Kraft hat, hält sich an seine Pflicht;
wer ohne Wahre Kraft ist, pocht auf sein Recht.

LAOZI

Die *Gier* ist die Wurzel vieler Übel; auch Neid und Hass sind oft auf Gier zurückzuführen. Und Gier raubt Ihnen wertvolle Lebensenergie.

Wenn ein Mensch von Gier befallen ist, wird er versuchen, diese Begierde zu erfüllen. Seine Energie wird sich einseitig auf das Objekt der Begierde richten und nicht mehr frei und ungehindert fließen – was gleichbedeutend ist mit einem Verlust an Lebensenergie.

Lassen Sie sich nicht von der Gier versklaven. Begierden werden Sie immer wieder in eine Sackgasse führen, denn alles ist vergänglich. So wird jede Begierde letztlich enttäuscht werden – und Frustration, Aggression, Hass, Neid und weiteres Begehren nach sich ziehen.

> *Ist die Welt erfüllt vom Dao,*
> *tragen Rennpferde den Dung aufs Feld.*
> *Ist die Welt entleert vom Dao,*
> *züchtet man Schlachtrosse auf dem Feld.*
> *Kein Übel ist größer als das Begehren,*
> *kein Makel schwerer als die Unmäßigkeit,*
> *kein Fehler schlimmer als die Habsucht.*
> *In der Tat:*
> *Wer genügsam ist, hat stets genug.*
>
> LAOZI

Diesen negativen Kräften, die Ihnen Energie rauben, können Sie mit den drei großen Kräften begegnen: Mitgefühl, Nachsicht und Vergeben.

Ob es sich nun um verrückte Autofahrer, ärgerliche Politiker, nervende Kollegen, streitsüchtige Freunde, aggressive Familienmitglieder, unverschämte Vorgesetzte oder unfreundliche Verkäufer handelt: Denken Sie stets ans »Energiesparen«! Wenn es Ihnen gelingt, die »Energieräuber« zu vermeiden, werden Sie den Zuwachs an Lebensenergie schnell an sich selbst erfahren.

Das Kultivieren der positiven Kräfte

Den negativen Kräften entgegengesetzt sind die positiven Kräfte Mitgefühl, Nachsicht und Vergeben. Nun ist keine dieser drei Kräfte etwas, was man einfach an- und abschalten könnte. Die drei Kräfte müssen kultiviert und gepflegt werden. Das wiederum ist einfach, da Mitgefühl, Nachsicht und Vergeben den Kern des Menschseins ausmachen. Sie müssen also wenig tun, um die drei Kräfte zu kultivieren; es genügt, ein wenig achtsamer zu sein und sich selbst genauer zu beobachten. Dann werden Sie feststellen, dass alles, was Sie tun, viel leichter geht und Ihre Lebensenergie von Tag zu Tag immer mehr zunimmt.

Mitgefühl ist in der Tat eine große Kraft. Ohne Mitgefühl gibt es keine echte Liebe. Liebe ohne Mitgefühl ist höchstens Selbstliebe.

Barmherzigkeit, die man zur Schau stellt, um Bewunderung zu erfahren oder um das Selbstwertgefühl zu steigern, ist kein Mitgefühl. Auch das Beklagen misslicher Umstände oder Spenden an wohltätige Organisationen sind nicht dasselbe wie Mitgefühl. Wirkliches Mitgefühl bedarf der Achtsamkeit und Klarheit über die eigenen Motive.

Es ist eine gute Idee, erst einmal auf die innere Stimme zu hören. Dann zeigt sich schnell, ob man Mitgefühl empfindet, weil der innere Wesenskern tatsächlich mitfühlt, oder ob das Mitgefühl anderen Ursprungs ist. Sagt die innere Stimme: »Du bist doch wirklich ein guter, barmherziger Mensch!«, ist es kaum wirkliches Mitgefühl, was einen veranlasst zu handeln.

Mitgefühl zu üben scheint zunächst einmal einfach. Der erste Schritt zu wahrem Mitgefühl ist das Zurücknehmen der Selbstbezogenheit. Mitgefühl entsteht, wenn man nicht ausschließlich auf sich selbst konzentriert ist, sondern offen und achtsam bleibt und von vorgefasstem Wissen Abstand nimmt.

Mitgefühl bedeutet, andere Menschen als gleichwertige Persönlichkeiten zu würdigen. Dazu gehört auch, sie nicht ihrer Entwicklungsmöglichkeiten zu berauben. Es zeugt keineswegs von Mitgefühl, wenn man einem anderen jede Last und Herausforderung abnimmt. Wer anderen aus wahrem Mitgefühl heraus hilft, wird das immer so tun, dass der andere seine Würde behält.

Schon mit Kleinigkeiten können Sie viel erreichen. Beispielsweise, wenn Sie einem Bettler etwas Geld geben: Haben Sie wirklich *mitgefühlt*, wie es ist, obdachlos und ohne Hoffnung auf eine glückliche Zukunft zu sein? Oder haben Sie sich eher unangenehm berührt oder belästigt gefühlt? Haben Sie überflüssiges Kleingeld im Vorbeigehen in einen Hut geworfen, oder haben Sie überlegt, was Sie geben wollen? Haben Sie mit dem Bedürftigen ein paar nette Worte gewechselt, oder haben Sie ihn gar nicht angesehen? Solche Kleinigkeiten machen einen gewaltigen Unterschied!

Die Dankbarkeit desjenigen, mit dem Sie mitfühlen, ist völlig unwichtig. Wichtig ist, selbst dankbar zu sein – für die Möglichkeit, Mitgefühl kultivieren zu können.

Mitgefühl hat große Macht:
im Angriff ist es Stärke,
im Widerstand Festigkeit.
Wen der Himmel bewahren will,
bewahrt er mit der Kraft des Mitgefühls.

LAOZI

Nachsicht

Wenn Sie die Kraft der Nachsicht kultivieren, werden Sie feststellen, dass Ihnen diese Kraft viel Energie gibt und Ihnen überdies enorm dabei hilft, »Energieverschwendung« vorzubeugen.

Nachsicht oder, um ein oft missbrauchtes Wort zu verwenden, Toleranz, ist eine große Kraft – doch wird sehr oft missverstanden, was Nachsicht oder Toleranz wirklich bedeuten. Die Mehrzahl der Menschen hält sich wohl für großzügig und tolerant. Doch ihre Toleranz hat natürlich Grenzen – dort, wo sie etwas stört …

Am Anfang der Kultivierung der Nachsicht steht die Einsicht, dass Toleranz keineswegs dasselbe ist wie Gleichgültigkeit. Wenn ein Vertreter versucht, Ihnen etwas zu verkaufen und Sie das Produkt benötigen, gerade Lust auf ein kleines Schwätzchen haben oder zumindest nichts anderes zu tun haben, ist es kein Problem, die Störung zu tolerieren. Da einem die Störung ohnehin gleichgültig ist, braucht man keine Toleranz. Erst wenn Sie bei einer wichtigen Tätigkeit gestört werden, der Vertreter nicht ablässt, auf Sie einzureden und Sie lieber Ihre Ruhe hätten: Dann können Sie Toleranz oder Nachsicht zeigen! Wie kann man nachsichtig sein, wenn es gar nichts nachzusehen gibt?

Nachsicht zu üben fällt natürlich nicht immer leicht. Eine Hilfe ist es, sich immer zu überlegen, worin die gute Absicht besteht, die das Verhalten eines Menschen bestimmt – dann ist Nachsicht schon viel leichter. Machen Sie sich klar, dass nachsichtig zu sein nicht bedeutet, alles gutzuheißen. Natürlich kann man es nicht billigen, wenn jemand etwas stiehlt. Doch der Ruf nach härteren Strafen und das Ablehnen jeglicher Nachsicht wurzeln selten in positiven Gefühlen. Welche Emotionen beherrschen wohl jemanden, der nach Vergeltung und Strafe ruft? Glauben Sie, dass er gelassen, ruhig, mitfühlend und liebevollen Herzens ist, oder bestimmen ihn eher Hass, Aggression und Rachegefühle?

Seien Sie nachsichtig mit sich selbst und anderen – um *Ihretwillen*!

> *Höchste Güte handelt,*
> *ihr Tun ist absichtslos.*
> *Höchste Moral handelt,*
> *ihr Tun ist absichtsvoll.*
> *Höchste Sitte handelt,*
> *und wenn jemand nicht folgt,*
> *so droht sie und zwingt.*
>
> LAOZI

Vergeben

Vergeben und Verzeihen sind Kräfte, die Ihr Leben enorm erleichtern können. Vielleicht hat Ihnen jemand etwas so Schlimmes angetan, dass es Ihnen unmöglich scheint, ihm zu verzeihen. Das sind verständliche Gefühle – doch machen Sie sich klar, dass Sie, indem Sie jemandem etwas nachtragen, nur sich selbst schaden und Ihre Lebensenergie vergeuden!

Stellen Sie sich doch einmal vor, ein Mensch hat jemanden sehr verletzt. Und nun muss derjenige, dem Schaden zugefügt wurde, dem anderen auch noch jahrelang einen großen Rucksack mit Alteisen hinterhertragen. Ist derjenige dann nicht doppelt zu bedauern?

Und tatsächlich tun viele Menschen genau das, indem sie jemandem etwas nachtragen. Wer nachtragend ist, handelt völlig sinnlos und fügt sich selbst noch weiteren Schaden zu.

Haben Sie das erst einmal in seiner ganzen Tragweite erfasst, werden Sie gewiss auch erkennen, dass Sie gut daran tun, erlittenes Unrecht zu vergeben. Indem Sie Menschen, denen Sie etwas nachtragen, verzeihen, können Sie eine große Last ablegen. Haben Sie jemandem wirklich verziehen, werden Sie sich fragen, warum Sie diese Bürde so lange mit sich herumgetragen haben.

Wenn Sie Ihren Mitmenschen tatsächliche oder vermeintliche Schwächen vergeben und denen, die Ihnen Unrecht getan haben, verzeihen, werden Sie die Welt mit den Augen des Herzens sehen können. Und die Augen des Herzens sind ein unversiegbarer Quell der Lebensenergie.

Gnade und Ungnade – beide machen Angst.
Von Übel ist die Verehrung des Selbst.
Warum sage ich: Gnade und Ungnade –
beide machen Angst?
Gnade richtet sich auf den Geringen,
der Angst hat, sie zu empfangen, der Angst hat,
sie zu verlieren.
Darum sage ich: Gnade und Ungnade –
beide machen Angst.
Warum sage ich: Von Übel ist die Verehrung des Selbst?
Ein Übel erfahre ich nur durch mein Selbst.
Frei vom Selbst – welches Übel könnte mich da treffen?

LAOZI

Qi – Die Lebensenergie im Atem

Nachdem wir nun schon darüber gesprochen haben, wie Sie Ihre Lebensenergie bewahren und langfristig durch die Kultivierung der drei positiven Kräfte erhöhen können, wollen wir Ihnen nun eine Methode zeigen, mit der Sie Ihre Energie kurzfristig enorm verstärken können und den Fluss des *Qi* in Ihrem Körper verbessern.

Diese Methode ist ein Teil der »Inneren Alchemie« – einer Lehre, die zum Daoismus gehört, sich allerdings von dem ursprünglichen Daoismus bereits ein wenig fortentwickelt hat. Bei den Übungen der Inneren Alchemie geht es nicht mehr ausschließlich um das Geschehenlassen – es geht um gezielte Maßnahmen, seine Energie zu verstärken, außergewöhnliche Kräfte zu gewinnen und das Leben zu verlängern.

Wir haben diese Methoden dennoch in dieses Buch mit aufgenommen. Dafür gibt es vor allem drei Gründe:

- Die Innere Alchemie gehört zum Daoismus – wenn auch zu einer späteren Form, die von der ursprünglichen daoistischen Lehre bereits ein wenig abweicht.
- Die Übungen der Inneren Alchemie sind nicht »unnatürlich«; das Eingreifen in den Atem folgt immer noch natürlichen, harmonischen Prinzipien.
- Die Wirkung dieser Übungen sind sehr wirksam, um ein hohes Maß an Energie zu erreichen – und das wollten wir Ihnen natürlich nicht vorenthalten.

Bevor wir nun mit den Übungen beginnen, noch ein wichtiger Rat: Es ist sinnvoll, sich nicht nur von den Beschreibungen der Übungen leiten zu lassen, sondern vor allem von der Intuition. Eine Erklärung mag ungenau sein oder falsch verstanden werden, doch die Intuition wird uns immer vor Irrwegen bewahren!

Die Drei Energien: Jing, Qi, Shen

Setzen Sie sich ruhig hin und schließen Sie die Augen: Was nehmen Sie wahr, wenn Sie in sich hineinspüren?

Körperliche Empfindungen, kleine unwillkürliche Muskelbewegungen, die Haltung des Körpers, vielleicht den Herzschlag und die Tätigkeit der Verdauung, den Atem, Gedanken und Bilder, die kurz die Oberfläche des Bewusstseins streifen, Gefühle, die momentane Stimmungslage und so manches andere. Wenn Sie ein wenig Übung darin haben, in sich hineinzuhören, können Sie verschiedene Qualitäten der Empfindung unterscheiden. Empfindungen, die mit dem Körper zusammenhängen, Bilder und Gedanken, und Stimmungen, die weder in Bilder noch in Worte zu fassen sind. Alle diese Empfindungen bewirken etwas; wir können sie also als Wirkkräfte auffassen: als körperliche, geistige und seelische Energie.

Die Weisen des Altertums suchten nach dem Ursprung. Sie erfüllten ihn in seiner reinen Form, indem sie den Leib mit dem Neunfachen Elixier nährten. Sie bewahrten Shen, nährten ihren Körper mit Jing und erlangten auf diese Weise jenes Geheimnis, das Himmel, Erde und Menschen in ihrem ursprünglichen Zustand vereint. Sie befolgten den rechten Umgang mit der Essenz und wandelten Fleisch und Knochen in Edle Substanz um. Auf diese

Weise erhielten sie ihr Qi und gaben ihrem Leben
Dauer: Sie verließen das Reich der Sterblichen
und wurden zu Unsterblichen.

CANTONGQI

Im Folgenden werden wir versuchen, das Wesen der drei Energien, *Jing*, der Essenz oder zeugenden Kraft, *Shen*, der geistigen Kraft oder des höheren Bewusstseins, und *Qi*, des Atems, der kosmischen Energie oder der vereinigenden Kraft, zu ergründen und Ihnen dazu ein paar kleine Übungen vorstellen, die Ihnen helfen, diese Energien am eigenen Leib zu erfahren.

JING – DIE ESSENZ

Das *Jing* der chinesischen Alchemie wird meist mit »Essenz« übersetzt. Diese Essenz ist die leibliche Grundlage unseres Wesens, die Kraft, die unseren Körper erhält, aber auch die kreative, zeugende Kraft.

In der chinesischen Vorstellung symbolisieren der Mond, das Element Erde, das Weibliche und Nachgiebigkeit das Wesen von *Jing*. Darüber hinaus ist *Jing* eine Yin-Kraft und taucht als Substanz in der (äußeren) Alchemie auf.

Was können wir mit diesen Symbolen anfangen? Die symbolhafte und assoziative Sprache des Daoismus hat selbst in China häufig zu Missverständnissen geführt. So gab es immer wieder ehrgeizige Menschen, die das

Geheimnis der daoistischen Unsterblichkeit ergründen wollten, alle alten Schriften studierten und dabei die Anweisungen der daoistischen Alchemie, »Zinnober und Blei« zu verschmelzen, wörtlich nahmen und mit diesen Substanzen »Unsterblichkeitspillen« zusammenbrauten, die allerdings weniger Unsterblichkeit als das vorzeitige Ableben der Alchemisten zur Folge hatten.

Über die Symbole nachzu*denken* wird Sie nicht weiterbringen; Sie können aber lernen, ihre Bedeutung nachzu*empfinden*. Das können Sie ganz einfach ausprobieren: indem Sie sich ein Bild von den aufgeführten Symbolen machen und dabei darauf achten, was alle diese Dinge in Ihnen auslösen. Achten Sie insbesondere auf das Gemeinsame, auf ein nicht in Worte zu fassendes Gefühl, das den genannten Symbolen zukommt.

Da uns Worte ohnehin nicht allzu viel weiterhelfen, werden wir nun in einer ersten Übung versuchen, die essenzielle Energie, *Jing*, im Körperlichen zu spüren gleichzeitig intuitiv lernen, *Jing* besser im Körper zu verteilen und dadurch an Standfestigkeit und Ausdauer gewinnen.

DIE *JING*-ENERGIE SPÜREN

Stehen ist im Grunde keine sonderlich anstrengende Tätigkeit, wenn wir nur halbwegs gesund sind. Also beginnen wir damit. Stellen Sie die Beine mit ein wenig

Abstand nebeneinander. Heben Sie dann noch die Arme vor den Körper, so als würden Sie einen Baum umarmen. Schließen Sie die Augen und spüren Sie, wie Sie noch bequemer stehen könnten (aber natürlich weiterhin mit angehobenen Armen!). Ändern Sie Ihre Position dementsprechend. Am besten ist, wenn Sie ein wenig herumexperimentieren, bevor Sie weitermachen.

Der wichtigste Aspekt der Haltung ist die Wirbelsäule. Um sie in eine möglichst günstige Position zu bringen, gehen Sie ein wenig in die Knie und kippen das Becken. Dadurch wird die Krümmung der Lendenwirbelsäule aufgehoben. Gleichzeitig begradigen Sie nun durch die Haltung des Kopfes die Halswirbelsäule. Hilfreich ist dabei die Vorstellung, an Ihrem Scheitel sei ein Faden befestigt, der Ihren Kopf hält.

Haben Sie diese Stellung gefunden, werden Sie spüren, dass Sie entspannter sind, dass Sie fester, sicherer und bequemer stehen. Vielleicht spüren Sie sogar, dass entlang der Wirbelsäule eine Art angenehmer Strom zu fließen scheint – in diesem Fall spüren Sie bereits einen der drei wichtigen Energiekanäle, auf die wir noch zu sprechen kommen.

Allmählich dürften jetzt die (immer noch gehobenen) Arme schwer werden. Das muss aber keineswegs so sein: Wenn die *Jing*-Energie richtig verteilt ist, bedarf es für diese Übung keiner besonderen Muskelkraft.

Jetzt beginnt die eigentliche Übung: Sie versuchen herauszufinden, welche Spannungen die Haltung unbequem machen. Nach einer Weile ist es relativ leicht spürbar, wo sich Blockaden befinden. Sie können probieren, ob Sie sie auflösen können; doch sollten Sie dabei keinen besonderen Ehrgeiz entwickeln und nicht versuchen, sich allzu sehr zu bemühen, wenn Ihre Muskeln Ihnen deutlich sagen, dass es ihnen zu viel wird. Das ist anfangs nicht so einfach; doch im Laufe der Zeit wird diese erste Übung wirklich sehr leicht erscheinen.

In daoistischen und buddhistischen Klöstern stehen die Meditierenden bis zu einer Stunde in dieser Position, ohne dass ihre Muskeln schmerzen. Wenn das *Jing* richtig verteilt ist, wird die Haltung keine Schwierigkeiten bereiten. Das heißt auch, dass es dem Sinn der Übung widerspricht, die Haltung mittels *Willenskraft* aufrechtzuerhalten!

Diese Übung dient vorerst nur dazu, dass Sie sich dieser Form der Energie bewusster werden. Dazu ist es nicht nötig, stundenlang in der Haltung zu verharren – aber Sie sollten schon versuchen, sich in dieser Position allmählich bis zu 20 Minuten lang wohlzufühlen und damit dem Wesen von *Jing* näherzukommen.

Die Übung scheint sehr einfach zu sein, aber das sollte Sie nicht dazu verleiten, ihre Bedeutung zu unterschätzen. Wenn Sie bei der Übung versuchen, dem Schmerz auszuweichen, die optimale Haltung zu finden und darauf achten, *was* Sie tun, so versuchen Sie genau das zu tun, was im Zentrum der daoistischen Lehre steht. Sie lernen, schädlichen Kräften (wie Schmerzen) auszuweichen, statt sich mit dem Willen in einen Kampf gegen die eigene Natur zu stürzen.

SHEN – DIE LENKENDE KRAFT

Die zweite der chinesischen Energien ist *Shen*. *Shen* wird meist als »geistige Kraft« übersetzt. Darunter können wir alle Arten geistiger Möglichkeiten, Bewusstsein und Unterbewusstsein, Wahrnehmung, Gedanken und Gefühle verstehen. *Shen* ist aber auch die lenkende Kraft, die Energie, die Bewegungen – geistigen, wie körperlichen – die Richtung gibt und sie steuert. Auch die Wahrnehmung hängt mit *Shen* zusammen.

Symbole, die mit *Shen* in Verbindung gebracht werden, sind Sonne, Feuer, das männliche Prinzip, Yang und Blei. Wenn Sie sich nun ein Bild all dieser Symbole machen, können Sie möglicherweise ein gemeinsames und übergreifendes Prinzip erkennen.

Doch auch bei der geistigen Energie hilft das Nachdenken nicht viel. Wir müssen an uns selbst erfahren, was *Shen* ist, wenn wir nicht nur darüber sprechen, sondern eine tatsächliche Erkenntnis gewinnen wollen.

In der folgenden Übung wollen wir einfach nur die geistigen Bewegungen aufmerksam betrachten und die

Ungeordnetheit der Gedanken und Gefühle, Wahrneh-mungen und Stimmungen spüren.

Diese Übung ist eine Vorübung zu fortgeschrittenen Übungen der daoistischen Meditation.

ÜBUNG ZUM SPÜREN VON *SHEN*

Diese Übung können Sie immer dann machen, wenn Sie die Möglichkeit haben, Ihre Aufmerksamkeit nach innen zu richten. Sie müssen dazu keine besondere Hal-tung einnehmen und benötigen auch keine sonstigen Vorbereitungen.

Das erste Ziel dieser Übung ist es, genauer zu be-obachten. Alles, was Sie vorerst tun, ist, sich selbst zu-zuhören. Gedankenfetzen tauchen auf, Sie nehmen (wenn die Augen geöffnet sind) Ihre Umgebung oder innere Bilder (wenn die Augen geschlossen sind) wahr. Sie spüren Ihren Körper und Ihre Bewegungen. Wenn Sie darauf achten, was Ihre Gedanken tun, spüren Sie auch das.

Wenn Sie nun genau aufpassen, sehen Sie, dass sich immer wieder »unendliche Spiralen« bilden: Sie be-obachten, dass Sie sich beobachten, wie Sie sich be-obachten … Mit geistigen Bewegungen, die wir in der Regel eher unseren Gefühlen oder bildhaften Vorstel-lungen zuordnen, verhält es sich ähnlich. Auch sie ver-ändern sich oft durch das Beobachten.

Versuchen Sie nicht, diese Kreisläufe zu durchbre-chen oder in sie einzugreifen, sondern sehen Sie einfach zu, wie sie von selbst wieder verschwinden und anderen Geistesbewegungen Platz machen.

Versuchen Sie in einem zweiten Schritt, alles, was in Ihnen auftaucht, für einige Augenblicke festzuhalten. Richten Sie dazu Ihr *Interesse* (und nicht etwa Ihren *Willen*) auf die geistigen Vorgänge. Die Übung sollte nichts Anstrengendes an sich haben.

Probeweise können Sie Ihre Konzentration mit aller Willenskraft auf *einen* Gedanken richten. Beobachten Sie dabei, was in Ihnen vorgeht. Wahrscheinlich spüren Sie die Anstrengung, vielleicht aber auch, dass das Ganze wenig effektiv erscheint, dass die geistige Energie gewissermaßen »zäh« fließt.

Versuchen Sie nun den umgekehrten Weg: Folgen Sie mit Ihrer Aufmerksamkeit Ihrem Interesse. Gehen Sie dem nach, was Sie anzieht. Ist es nicht ziemlich deutlich, welchen Unterschied das macht? Merken Sie, wie viel leichter das geht?

Kräfte mit dem Willen zu *bewegen* führt hauptsächlich zu Anstrengung. Doch wenn wir die sich ohnehin bewegenden Energien lediglich mit dem Willen *lenken*, ohne in die Bewegung selbst einzugreifen, gelangen wir wie von selbst zu unseren Zielen. Wenn wir an etwas *interessiert* sind, arbeitet unser Willen mit *Shen*, statt dagegen.

Der Begriff *Qi* ist bei uns vor allem durch Qi Gong bekannt – Übungen, die dazu dienen, das *Qi* zu lenken und zu verteilen.

Wir sind versucht zu sagen, dass *Qi* die bedeutendste der drei Energien ist. Ein großer Teil der traditionellen Medizin befasst sich mit dieser Kraft; die Akupunktur versucht den Fluss des *Qi* durch Nadeln zu beeinflussen, die Akupressur versucht dasselbe durch Fingerdruck, die Moxa-Therapie durch das Erwärmen besonderer Punkte, Qi Gong und Taijiquan lenken die Energie direkt durch Bewegung und nicht zuletzt ist die Entwicklung des *Qi* ein entscheidender Schritt auf dem Weg zur daoistischen »Unsterblichkeit«; dem Ziel, ein daoistischer Weiser, ein »Wahrer Mensch« zu werden.

Aber auch wenn *Qi* eine so wichtige Rolle spielt, so ist es doch nur *eine* Grundkraft, ein Aspekt des Ganzen.

Die Bedeutung von *Qi* zeigt sich auch darin, dass es ähnliche Konzepte in vielen ganz unterschiedlichen Kulturen gibt. Das japanische *ki* (wie in Ai*ki*do oder Rei*ki*), das indische *prana* oder das *pneuma* der alten Griechen meinen dieselbe Energie, die in China *Qi* heißt.

Das Wesen von *Qi* sind Aktivität und Bewegung, Lebenskraft und Atem. *Qi* ist sowohl der Atem als auch die Lebensenergie, die wir mit dem Atem aufnehmen. Wenn in chinesischen Übungen davon die Rede ist, dass der

Atem an eine bestimmte Stelle im Körper gelenkt werden soll, so ist natürlich nicht die eingeatmete Luft gemeint, sondern *Qi* – doch diese Unterscheidung ist nur für das wissenschaftliche, untersuchende Denken von Bedeutung, denn das *Gefühl* ist so, als würden wir bei diesen Übungen tatsächlich die Atemluft an bestimmte Stellen lenken. Und das *Gefühl* ist das Wichtige – in Wirklichkeit können wir selbstverständlich keine Luft in die Arme, den Kopf oder die Füße leiten. Wenn wir es uns aber vorstellen, koordinieren wir unsere Konzentration mit der Atmung, und es wird uns leichter fallen, das *Qi* zu lenken.

Die Übungen, die dazu dienen, das *Qi* zu lenken, heißen Qi Gong. Es gibt dabei inneres und äußeres Qi Gong, je nachdem, ob die Bewegung vor allem innerlich (mithilfe von Visualisierungen) oder äußerlich (als körperliche Übung) durchgeführt wird.

Um *Qi* an und in uns selbst zu spüren, werden wir als Erstes eine interessante Atemübung ausprobieren.

Mit dem Atmen sind wir alle von unserer Geburt an vertraut – wir haben darin also bereits einige Übung. Aber gerade weil wir so vertraut mit unserem Atem sind, wird er uns kaum bewusst, und wir gewöhnen uns aus den unterschiedlichsten Gründen – unsere sitzende Lebensweise, Verspannungen, Stress usw. – eine Atemweise an, die den Fluss des *Qi* behindert und auf diese Art und Weise zu Krankheiten und anderen körperlichen und seelischen Schwächen führen kann.

Auf unserem Weg ist es daher von großer Bedeutung, dass wir unser *Qi* entwickeln, verstärken und zum Fließen bringen.

Zunächst wollen wir Ihnen eine ganz einfache Übung vorstellen, die zeigt, wie Atem, Konzentration und *Qi* zusammenwirken.

ÜBUNG ZUM SPÜREN VON *QI*

Legen Sie beide Hände auf die Brust, spüren Sie, wie sie sich hebt und senkt.

Atmen Sie tief ein und halten Sie die Luft an. Versuchen Sie herauszufinden, ob alle Muskeln, die jetzt angespannt sind, wirklich zum Halten dieser Position nötig sind; wenn nicht, versuchen Sie sie zu entspannen. Wenn Sie das Bedürfnis haben, wieder auszuatmen, tun Sie es – gerade bei dieser Übung sollten Sie sich nicht anstrengen!

Legen Sie Ihre Hände auf den oberen Bauch. Wie bewegt er sich mit der Atmung? Wenn er sich deutlich hebt und senkt, nutzen Sie Ihre Bauchatmung. Versuchen Sie, das Heben und Senken zu intensivieren. Wenn Sie noch nichts oder nur wenig Bewegung spüren, versuchen Sie das Heben der Bauchdecke mit der Einatmung bewusst zu erreichen.

Während die »obere« Atmung, die durch das Heben der Brust erreicht wird, relativ viel Anstrengung kostet, zur Erhöhung des Lungenvolumens aber nur wenig beiträgt, ist es bei der Bauchatmung umgekehrt: Schon eine kleine Bewegung erweitert die Kapazität der Lunge beträchtlich.

Nach einigen Atemzügen halten Sie wieder die Luft an und beobachten, welche Spannungen auftreten. Unnötige Spannungen, die nicht dem Aufrechterhalten des Gleichgewichtes dienen, versuchen Sie zu lösen.

Legen Sie jetzt Ihre Hände mit den Oberseiten der Finger an die Flanken und zwar so weit unten, dass sie nicht die Rippen berühren. Sind die Atembewegungen auch hier noch zu spüren? Wenn die Atmung gut organisiert und tief ist, wird sich der Bauch nach allen Richtungen ausdehnen, also auch seitlich. Wenn Sie noch keine Bewegung spüren, versuchen Sie sich vorzustellen, dass Sie in die Stelle atmen, an der Ihre Finger liegen.

Nach einigen Atemzügen halten Sie die Luft wieder an und beobachten, welche Spannungen auftreten. Unnötige Spannungen versuchen Sie bei jedem Ausatmen zu lösen.

Die Atembewegung sollte Ihnen nun schon deutlich bewusster sein. Auch die Atmung hat sich bereits etwas vertieft – dadurch wiederum fließt mehr *Qi*. Schon mit dieser Vorübung haben Sie also etwas für unsere Gesundheit getan. Doch nun wollen wir uns daran machen, dem Wesen von *Qi* durch eine weitere kleine Übung näherzukommen.

Schließen Sie die Augen und atmen Sie langsam ein. Dabei verfolgen Sie in Ihrer Vorstellung die Luft durch das linke Nasenloch, durch die Luftröhre in die linken Bronchien, die in die linke Lunge führen. Spüren Sie, wie die Luft in die linke Lunge einströmt und sie weitet. Bleiben Sie mit Ihrer Aufmerksamkeit bei diesem Weg der Atemluft und atmen Sie langsam und bewusst ein und aus.

Nach einigen Atemzügen atmen Sie normal weiter und richten Ihre Aufmerksamkeit nun auf den gesamten Körper. Spüren Sie jetzt einen Unterschied zwischen rechts und links? Er ist allein dadurch entstanden, dass Sie Ihre Aufmerksamkeit gelenkt haben. Indem Sie Ihre Aufmerksamkeit auf den Fluss des Atems gelenkt haben, haben Sie *Qi* an die entsprechenden Stellen gelenkt. Ihrer linken Lunge wurde *Qi* zugeführt und das spüren Sie jetzt.

DIE ENERGIEN VEREINIGEN

Für die daoistische Innere Alchemie bedarf es mehr als nur des Wissens um die drei Kräfte. Es bedarf auch mehr, als die drei Energien einzeln lenken zu können. Das Ziel, das wir anstreben, ist deren Vereinigung.

Doch wie gelingt uns das? In den alten Texten heißt es dazu:

Wahre Unsterblichkeit wird herbeigeführt,
wenn Jing und Shen durch Qi vereint werden.
Dies sind die Drei Schätze des Dao.

Das ist noch keine besonders genaue Anleitung. Lediglich auf die Bedeutung von *Qi* für den Vorgang der Verschmelzung wird hingewiesen. Doch um eine Vereinigung der »Drei Schätze« zu erreichen, müssen auch *Jing* und *Shen* mit einbezogen werden. Und das gelingt, sollte unser *Qi* gut entwickelt sein.

Der Weg zu der Verschmelzung der drei Schätze des Dao ist der Weg, der der Entwicklung eines gesunden und im Einklang mit dem Dao lebenden Menschen förderlich ist.

Die Verschmelzung der Energien ist selbst keine Übung, sondern das Ergebnis des harmonischen Zusammenwirkens aller Übungen. Damit Sie diese Harmonie erreichen, ist es – das können wir gar nicht oft genug betonen – nicht nötig, dass Sie sich bemühen, anstrengen, zwingen. Im Gegenteil, Sie sollten Freude an den Übungen und am Üben empfinden – indem Sie Ihrem innersten Wesen folgen.

Die drei Gefäße

Es gibt zwölf Energiebahnen, die den Körper durchziehen – vielleicht haben Sie schon einmal im Zusammenhang mit der Akupunktur von diesen 12 »Meridianen« gehört. Außer diesen Hauptbahnen kennt die chinesische Medizin auch noch acht Sondermeridiane, die sogenannten Gefäße, die die Energiebahnen miteinander verbinden, sowie einige Energiezentren oder »Elixierfelder«. Wichtig sind detaillierte Kenntnisse über den Fluss der Energie für große Teile der chinesischen Medizin, insbesondere die Akupunktur. Krankheiten entstehen ja nach der chinesischen Lehrmeinung durch unharmonische Verteilung der Energien, Energieblockaden und übermäßige Energieströme. Die Akupunktur behebt diese Störungen, indem sie mit Nadeln in sensible Punkte auf den Meridianen sticht und auf diese Weise den Energiefluss anregt oder beruhigt.

Für unsere Zwecke ist dieses Wissen nicht notwendig. Die Energie strömt ohnehin mit dem Ein- und Ausatmen entlang der Energiebahnen. Mit Qi Gong ist es zwar möglich, den Energiefluss gezielt zu lenken, doch dies bringt nur bei bestehenden Krankheiten Vorteile und ist für Artisten und Kampfkünstler von Nutzen.

Für uns, denen es um die daoistische Entwicklung von Körper und Geist geht, ist es jedoch am sinnvollsten, die Energie ganz von selbst durch den Körper fließen zu lassen. Wir werden uns auf einige wenige Energieströme und Energiezentren beschränken – die Harmonie im Gesamtsystem wird sich dadurch im Laufe der Zeit von selbst einstellen.

Für uns sind nur drei besondere Energiebahnen und drei Energiezentren von Bedeutung. In zwei dieser Bahnen fließt das *Qi* in besonders reiner Form. Die dritte dient dazu, die drei Energiezentren »aufzufüllen«.

REN-MAI – DAS KONZEPTIONSGEFÄSS

Der *Ren-mai* verläuft vom *Xia Dantian* (dem unteren Energiezentrum), das im Unterbauch liegt, einige Zentimeter unterhalb des Nabels, in gerader Linie entlang der Vorderseite des Körpers über Bauchnabel, Brust, Hals, Kinn, Unterlippe bis hin zur Mitte des Unterkiefers.

Durch den *Ren-mai* werden die Organe mit reinem *Qi* versorgt. Allerdings bedarf es dazu der Steuerung durch *Du-mai*, das Gouverneursgefäß, die hintere Energiebahn. Der *Ren-mai* ist auch eng mit der Wahrnehmung verknüpft, die ja ebenfalls nach vorne gerichtet ist. Störungen in den Wahrnehmungsfunktionen, zum Beispiel das weit verbreitete Problem »Kurzsichtigkeit«, hängen nicht selten mit einem ungenügenden Energiefluss im *Ren-mai* zusammen.

Doch wir wollen uns gar nicht länger bei der Theorie aufhalten, sondern uns gleich einigen Übungen zuwenden, die uns diese Energiebahn bewusst machen.

DAS *QI* NACH UNTEN LEITEN

Am besten machen Sie diese Übung im Stehen, da im Stehen die Atmung am wenigsten durch Druck behindert wird und Sie die Wirkung der Übung besonders deutlich spüren können.

Konzentrieren Sie sich ausschließlich auf die Ausatmung. Während Sie ausatmen, verfolgen Sie den »Atem«

(in Wahrheit natürlich das *Qi*) entlang des *Ren-mai*. Wichtig ist dabei, dass Sie den Energiestrom *ununterbrochen* verfolgen.

Wenn *Ren-mai* nicht vollständig geöffnet ist, wird der Energiefluss an den blockierten Stellen behindert. Durch das bewusste Verfolgen und Leiten des *Qi* entlang dieser Bahn wird der Kanal durchlässiger.

Wenn Sie das *Qi* nach unten leiten, werden Sie dabei einige interessante Wahrnehmungen machen können. Ihr Schwerpunkt scheint sich nach unten zu verlagern, Sie stehen fester und gewinnen an Kraft. Außerdem werden Sie bemerken, wie sich die Energiebahn weiter öffnet und die Energie immer deutlicher wahrnehmbar wird.

Schon diese einfache Vorübung wird sich bereits positiv auf Ihre inneren Organe auswirken. Zwar wird die Wirkung nicht viel länger anhalten, als die Übung dauert, doch Sie werden schon bald erfahren, wie Sie Ihre Energiezentren aufladen und diese positiven Wirkungen dauerhaft machen können.

DU-MAI – DAS GOUVERNEURSGEFÄSS

Der *Du-mai* verläuft vom Damm aus nach hinten und oben zur Wirbelsäule, entlang der Wirbelsäule hoch zum Kopf, entlang der Mittellinie des Kopfes über den Scheitel hinweg, Stirn und Nase hinunter bis zur Oberlippe und endet in der Mitte des Gaumens.

Der *Du-mai,* ist, wie der Name »Gouverneursgefäß« andeutet, das Organ der Energiesteuerung. Auch sein Verlauf, der mit der Wirbelsäule und dem Rückenmark korrespondiert, weist darauf hin. Über die Wirbelsäule laufen ja auch die Nervenbahnen, die – wenn auch auf einer anderen Ebene – die Energie lenken und alle unsere Organe und Bewegungen steuern.

Dennoch ist es trotz oder gerade wegen dieser seltenen Übereinstimmung von daoistischen und anatomischen Vorstellungen wichtig, sich darüber im Klaren zu sein, dass Wirbelsäule und *Du-mai* nicht dasselbe sind.

Aber das werden Sie in der folgenden Übung schnell selbst feststellen können.

DER KLEINE KREISLAUF DES *QI*

In der vorangehenden Übung haben wir das *Qi* mit dem Ausatmen nach unten gelenkt. Nun wollen wir auch das Einatmen bewusst hinzunehmen und dabei der Energie entlang des *Du-mai* aufwärts folgen.

Dabei schließt sich ein Kreis. *Du-mai* und *Ren-mai* bilden nämlich eine Einheit: den »Kleinen Kreislauf des *Qi*«.

Im Zusammenhang mit diesem Kreislauf gibt es jedoch ein kleines »Geheimnis«: An der oberen Schaltstelle im Kieferbereich, wo die beiden Gefäße aufeinandertreffen, kann die Energie normalerweise nicht völlig ungehindert fließen, sondern muss den Weg vom Oberkiefer zum Unterkiefer »überspringen«. Diesen Energie-verlust können Sie jedoch ganz einfach vermeiden, in-dem Sie beim Üben (aber auch sonst so oft wie möglich) die Zunge sanft gegen den Gaumen legen, knapp ober-halb der oberen Schneidezähne. Diese Technik ist übri-gens auch im Yoga bekannt. Die Wirkung kann jeder sofort testen.

Doch nun zum »Kleinen Kreislauf«. Sie beginnen mit dem Ausatmen und folgen mit Ihrem Bewusstsein der Energie nach unten. Beim Einatmen halten Sie diesmal allerdings die Konzentration weiter aufrecht und folgen dem *Qi*, indem Sie einatmen, zunächst noch ein kleines Stückchen weiter nach unten, zum Perineum und von dort aus entlang des *Du-mai*, die Wirbelsäule empor, über den Kopf, bis in den oberen Gaumen, an die Stelle, wo ihn die Zunge berührt.

Dann setzt das Ausatmen wieder ein, und der Zyklus beginnt von Neuem.

Die Atmung wird dabei *nicht* forciert. Sie sollte mög-lichst wellenförmig ablaufen, also ohne Unterbrechung zwischen Ein- und Ausatmung. Ihre Aufmerksamkeit sollte dem Atem dabei ununterbrochen folgen.

Die Hauptschwierigkeit bei dieser Übung besteht darin, das *Qi* wirklich zusammen mit dem Atem zu lenken, so dass die innere Bewegung (die Aufmerksamkeit) und die äußere Bewegung (die Atembewegung) harmonie-ren und in derselben Geschwindigkeit ablaufen. Wenn die Ausatmung endet, sollte auch die Bewegung des *Qi* nach unten (also Ihre Vorstellung dieses Vorgangs) abgeschlossen sein. Mit dem Einatmen bewegt sich das *Qi* dann wieder stetig nach oben (nur vom Scheitelpunkt bis zum Gaumen bewegt es sich kurz abwärts). Die innere und die äußere Bewegung aufeinander abzustimmen erfordert ein wenig Übung, doch wirklich *schwierig* ist es nicht.

Während die Übung »Das *Qi* nach unten leiten« noch eine Vorübung war, beginnen Sie mit dieser Übung bereits den »alchemistischen Prozess«, der Ihre drei Energien vereinigt.

Obwohl diese ersten Übungen ziemlich einfach erscheinen, haben sie doch eine große Wirkung. Schon als Sie nur auf das Ausatmen achteten und das *Qi* auf seinem Weg begleiteten, konnten Sie wahrscheinlich kurzzeitig einen Zuwachs an innerer Kraft beobachten. Durch das Schließen des Kreislaufs wird diese Kraft weiter verstärkt – was für die nächsten Übungsschritte wichtig ist.

CHONG-MAI – DAS ZENTRALGEFÄSS

Das Zentralgefäß, *Chong-mai,* verbindet die drei Energiezentren, über die Sie gleich noch mehr erfahren werden. Dieser Kanal verläuft durch die Mittellinie des Körpers, nicht wie die beiden anderen Gefäße an der Oberfläche, sondern im Inneren.

Der *Chong-mai* ist bei den meisten Menschen nur unvollständig geöffnet. Diese Öffnung ist jedoch notwendig, um die Energie durch die Energiezentren bis in die »Edle Werkstatt der Geheimnisvollen Alchemie« steigen zu lassen, wo schließlich die Vereinigung der drei Energien *Shen*, *Jing* und *Qi* stattfindet.

Die folgende Übung »Das *Qi* im *Chong-mai* steigen lassen« sollten Sie erst nach einiger Erfahrung mit der vorangehenden Übung »Der Kleine Kreislauf des *Qi*« praktizieren. Wenn die Übung ausgeführt wird, bevor der Kleine Kreislauf vollkommen natürlich abläuft, werden Sie sich sehr anstrengen müssen und können den Atem kaum harmonisch fließen lassen. Gehen Sie also nicht aus Ungeduld zu schnell zu dieser Übung über.

DAS *QI* IM *CHONG-MAI* STEIGEN LASSEN

Wir wollen nun auch durch den *Chong-mai* Energie fließen lassen. Dabei ist es ganz besonders wichtig, dass der Strom des *Qi* nicht abbricht.

Sie beginnen mit dem Kleinen Kreislauf und verfolgen das *Qi* einige Male auf diesem Weg. Nach einem weiteren Ausatmen, bei dem Sie das *Qi* durch den *Ren-mai* nach unten geleitet haben, ziehen Sie mit dem folgenden Ausatmen die Energie *nicht* entlang des *Du-mai* die Wirbelsäule empor, sondern durch den *Chong-mai* entlang der inneren Mittellinie Ihres Körpers.

Wahrscheinlich spüren Sie dabei zunächst einen Widerstand. Lenken Sie das *Qi* durch den *Du-mai* nach oben – aber *zwingen* Sie es nicht. Wenn Sie zu viel innere Kraft daran setzen, das *Qi* durch den *Chong-mai* zu ziehen, wird der Energiestrom abreißen, was die Übung nutzlos macht. Zu viel Bemühen schadet auch hier. Es ist nicht wichtig, die Energie durch den gesamten *Chong-mai* strömen zu lassen; das ist erst das Ergebnis längerer Praxis.

Das *Qi* wird also mit dem Einatmen so weit es eben geht, ohne den Energiefluss abreißen zu lassen, entlang des *Chong-mai* nach oben gezogen. Mit dem folgenden Ausatmen wird das *Qi* auf demselben Weg durch den *Chong-mai* nach unten geführt. Auch dabei ist es notwendig, die Aufmerksamkeit zu wahren, damit die Energie nicht zu schnell zurückfließt und der *Qi*-Fluss abreißt.

Mit dem nächsten Einatmen leiten Sie dann das *Qi*, wie Sie es vom Kleinen Kreislauf her kennen, durch den *Du-mai* nach oben. Mit der folgenden Ausatmung beginnt der Zyklus von Neuem.

Wenn Sie in der Lage sind, das *Qi* auf die beschriebene Art und Weise zirkulieren zu lassen, werden Sie damit beginnen können, die »Drei Elixierfelder«, die Energiezentren unseres Körpers, mit *Qi* aufzuladen.

Die Drei Elixierfelder

Wir haben schon darüber gesprochen, dass die Energie nicht nur entlang bestimmter Meridiane und Gefäße fließt, sondern dass es auch Energiezentren gibt – dort sammelt sich das *Qi*. Wenn die drei *Dantian* mit Qi aufgeladen sind, wachsen Ihre Kräfte enorm. Ihre Gesundheit wird nahezu unangreifbar, Ihre Konzentrationskraft, Auffassungsgabe und Erkenntniskraft nehmen zu – und Sie werden sich einfach gut fühlen.

Die Energiefelder wurden von einigen Alchemisten auch als »Paläste« bezeichnet: »Der Palast am Grunde des Tales«, »Der karmesinrote Palast des Herzens« und »Der Palast des Jadekaisers«. Überhaupt finden sich in der daoistischen Alchemie oft sehr fantasievolle Bezeichnungen.

Natürlich hätten die alten Meister nur darüber gelacht, wenn wir uns über Namen die Köpfe zerbrechen. Schließlich sind es nicht die Bezeichnungen, um die es geht. Und doch haben die poetischen Namen durchaus eine gewisse Bedeutung. So wird beispielsweise im »Alten Buch der Unsterblichen über die Große Klarheit« und anderen Klassikern vorgeschlagen, die Energiezentren als »innere Kinder« zu visualisieren. Das kommt uns vielleicht zunächst eher seltsam vor. Und sicher erst recht die merkwürdigen Namen dieser »inneren Kinder«: »Führer der Drei Grundlagen« oder »Edler Herr der Kaiserlichen Einheit der Großen Klarheit«.

Nur zu leicht geraten wir in Versuchung, derlei als Unsinn abzutun oder zumindest als fernöstliche Kuriosität zu belächeln. Aber wir sollten die alten Daoisten nicht unterschätzen – sie haben sich dabei durchaus etwas gedacht. Diese »Kindlein« sind nämlich eine besonders gute Hilfe beim Visualisieren der Energieströme und beim Aufladen der Energiezentren. Selbstverständlich sind auch andere Vorstellungen möglich – aber entscheiden Sie selbst, was lebendiger klingt: »Ein inneres Kind nähren« oder »Eine Batterie aufladen« …

DER PALAST AM GRUNDE DES TALES
(XIA DANTIAN)

Das erste Energiefeld, mit dem wir uns befassen wollen, liegt etwas unterhalb des Nabels, im Inneren unseres Unterbauches. Dieses Zentrum – »Der Palast am Grunde des Tales« – ist der Ort der Ruhe und Kraft, der Vitalität und Lebensenergie. Andere Namen für dieses Energiezentrum lauten »Unteres Elixierfeld« oder *Xia Dantian.*

Dieses unterste Energiezentrum spielt eine ganz besondere Rolle. Seine Entwicklung ist nicht nur die Grundlage für jede höhere spirituelle Entwicklung, sondern auch das Fundament der Gesundheit und der Quell jener Kraft, die die asiatischen Sportler, Artisten und Kampfkünstler zu ihren erstaunlichen Leistungen befähigt.

Sie haben ja schon ein wenig von der Kraft des »Bauches« erfahren, als Sie sich mit der Vorübung »Das *Qi* nach unten leiten« befasst haben. Indem Sie bewusst »in den Bauch« atmen, verlagern Sie Ihren Schwerpunkt weiter nach unten und können mehr körperliche Kraft aufbringen. Doch nun – nachdem Sie bereits gelernt haben, das *Qi* bewusst durch den Körper zirkulieren zu lassen – können Sie die Kraft, die Sie bei Ihrer ersten Übung vielleicht schon wahrgenommen haben, deutlich verstärken und vor allem dauerhafter machen.

DAS GEHEIME AM GRUNDE DES TALES
MIT *QI* NÄHREN

Wir wollen nun also die Energie in unserem unteren Dantian konzentrieren und bewahren – das Energiezentrum aufladen bzw. »Das Geheime am Grunde des Tales nähren«.

Dafür greifen wir auf die Übung »Das *Qi* im *Chong-mai* steigen lassen« zurück (siehe Seite 198 f.). Dabei haben wir das *Qi* im *Chong-mai*, der entlang der senkrechten Zentrallinie des Körpers verläuft, steigen und wieder abfallen lassen. Alle drei Elixierfelder liegen entlang dieses Kanals, und wir können die Felder über diesen Kanal mit Energie aufladen.

Zunächst wollen wir jedoch versuchen, ob wir schon intuitiv spüren können, wo sich das *Xia Dantian*, der »Palast am Grunde des Tales«, befindet. Wenn dieses untere Energiezentrum erst einmal mit Energie aufgeladen ist, wird es deutlich wahrnehmbar sein. Doch wie verhält es sich im Augenblick?

Sie haben ja schon etwas Übung darin, auf Energieströme zu achten. Halten Sie doch einmal einen Moment inne, legen Sie Ihre Hände auf den Unterbauch
und versuchen Sie festzustellen, ob Sie eine bestimmte
Stelle als besonders kraftvoll, schwer oder warm empfinden. Diese Stelle ist das *Xia Dantian*, der »Palast am
Grunde des Tales« – und diesen Ort wollen wir nun mit
Qi füllen.

Für diese Übung kehren wir den Fluss der Energie um.
Mit dem Einatmen ziehen Sie das *Qi* entlang des *Du-
mai* (am Gaumen beginnend) bis zum *Xia Dantian*
hinab. Dort halten Sie es fest, indem Sie den Atem
anhalten. Beim Ausatmen konzentrieren Sie das *Qi* im
Xia Dantian und lassen lediglich den verbrauchten
Atem ausströmen. Diese »Verdichtung« des *Qi* findet
also durch Ihre Vorstellung statt und wird unabhängig
von der Atembewegung.

Sie »nähren das Kind am Grunde des Tales« mit *Qi*. Die
Energie bleibt dabei stets in Bewegung – auch während
Sie den Atem halten – und kreist innerhalb des Elixierfeldes. Beim Ausatmen stellen Sie sich vor, wie Sie »unreines *Qi*« – negative Gedanken oder Gefühle oder unharmonische Schwingungen – mit der verbrauchten
Luft ausströmen lassen. Wichtig ist, die Konzentration
und ein positives Gefühl im Unteren Elixierfeld zu bewahren.

Die Atemhaltephase verlängert sich mit zunehmender Übung. Das ist einerseits ein Zeichen dafür, dass die Energien effektiver genutzt werden, andererseits deutet es darauf hin, dass mehr Energie zur Verfügung steht. In den klassischen Schriften wird erwähnt, dass das gespeicherte *Qi* so viel Energie liefert, dass der Übende schließlich atmet »wie der Embryo im Mutterleib«. Davon würden wir Ihnen allerdings abraten und Ihnen den etwas praktischeren Hinweis geben, dass es vorerst genügt, die Luft acht Sekunden lang anzuhalten. Zu langer Atemverhalt ist, wenn Sie ihn nicht durch längere Übung gewohnt sind, eher schädlich. Auch hier gilt der daoistische Grundsatz, dass Sie nicht gegen sich kämpfen sollten und Anstrengung möglichst vermeiden.

Nach den Übungen, die Sie bereits gelernt haben, dürfte Ihnen diese Technik keine besonderen Probleme bereiten. Sie sollten ihr jedoch ganz besondere Aufmerksamkeit widmen, da gerade die Entwicklung des *Xia Dantian* die Voraussetzung für körperliches Wohlbefinden und Gesundheit ist – und selbstverständlich auch die Grundlage für die Entwicklung der darüberliegenden Elixierfelder. Sie sollten nicht versuchen, das Mittlere oder Obere Elixierfeld mit Energie aufzuladen, bevor das Untere Elixierfeld weit genug entwickelt ist – das bringt nichts.

Es ist im Übrigen wieder einmal an der Zeit darauf hinzuweisen, dass Sie sich nicht zu den Übungen zwingen dürfen – auch wenn die Anleitungen vielleicht ein wenig technisch anmuten; die Übungen sollten keine Anstrengung, sondern eine Erholung sein. Fühlen Sie sich nach der Übung frisch und munter, so sind Sie auf dem richtigen Weg. Sind Sie dagegen erschöpft, ist das ein Signal für Sie, dass Sie vom Weg abgewichen sind.

DER KARMESINROTE PALAST DES HERZENS
(ZHONG DANTIAN)

Das *Zhong Dantian*, das »Mittlere Elixierfeld« oder der »Karmesinrote Palast des Herzens« befindet sich knapp zwei Handbreit oberhalb des Unteren Elixierfeldes. Anatomisch liegt dort ein wichtiges Nervengeflecht, das sogenannte Sonnengeflecht, der Solarplexus.

Im »Karmesinroten Palast des Herzens« visualisierten die alten Meister ein »scharlachrot gewandetes Kindlein« mit dem Namen »Aus dem zweiten Geheimnis geborener Mandarin«.

Dieses Zentrum ist die Quelle von *Shen*, der Lenkenden Kraft. Mit dieser Übung sollten Sie erst dann beginnen, wenn es Ihnen vollkommen mühelos gelingt, die Energie in Ihrem *Xia Dantian*, dem Unteren Elixierfeld, zirkulieren zu lassen. Ist dies nicht der Fall, so reicht die Energie nicht aus, um das *Zhong Dantian*, das Mittlere Elixierfeld, aufzuladen – und Sie entziehen dem *Xia Dantian* Energie.

DAS ZWEITE GEHEIMNIS MIT *QI* NÄHREN

Das *Qi* soll nun weiter aufsteigen, entlang des Kanals *Chong-mai* in das *Zhong Dantian*, das Mittlere Elixierfeld, und den »Aus dem Zweiten Geheimnis geborenen Mandarin« nähren.

Versuchen Sie zunächst wieder, das Energiezentrum intuitiv zu erspüren. Legen Sie die Hände auf den Oberbauch und versuchen Sie darauf zu achten, ob Sie eine bestimmte Stelle als besonders warm oder energiereich erleben. Diese Stelle ist das *Zhong Dantian*, der »Karmesinrote Palast des Herzens«, das wir nun mit *Qi* füllen wollen.

Auch bei dieser Übung kehren wir den Fluss der Energie um. Mit dem Einatmen führen Sie das *Qi* entlang des *Du-mai* bis zum *Xia Dantian* und von dort aus ins *Zhong Dantian*. Dort halten wir das *Qi* fest und den Atem an – etwa acht Sekunden lang. Beim Ausatmen »verdichten« Sie das *Qi* im *Zhong Dantian* und und lassen mit dem verbrauchten Atem »unreines *Qi*« über den *Chong-mai* nach unten und dann über den *Ren-mai* nach oben ausströmen.

Die Schwierigkeit bei dieser Übung besteht darin, das Aufsteigen der *Qi*-Kraft nicht willentlich erzwingen zu wollen. »Nur ein dummer Bauer zieht an den Setzlingen, damit sie schneller wachsen«, sagt man in China. Es ist, als ob wir ein Gewicht an einem ganz dünnen Faden, der gerade noch das Gewicht tragen kann, nach oben ziehen. Jede Hast, jeder plötzliche Ruck, jede Anstrengung wird den Faden zum Reißen bringen. Auch der *Qi*-Strom ist zunächst ein sehr dünner Faden, der nur zu leicht reißt – also müssen wir vorsichtig und aufmerksam vorgehen. Im Laufe der Zeit wird das *Zhong Dantian*, das Mittlere Elixierfeld, indem es Energie speichert, den *Qi*-Strom wie von selbst anziehen.

Dann können Sie zur nächsten Stufe übergehen – der Entwicklung des Oberen Elixierfeldes.

DER PALAST DES JADEKAISERS
(SHANG DANTIAN)

Das oberste der drei Energiefelder, das *Shang Dantian*, das »Obere Elixierfeld« oder der »Palast des Jadekaisers«, befindet sich in der Höhe der Augen, auf der Mittellinie des Körpers im Inneren des Kopfes.

Die daoistischen Alchemisten wählten für ihre Visualisierung ein »aufrecht sitzendes, fünffarbig gewandetes Kindlein«, den »Führer der Drei Grundlagen«. Die drei Grundlagen sind die drei Energien, *Jing*, *Shen* und *Qi* – der »Führer der Drei Grundlagen« leitet deren Verschmelzung und die Entstehung der »Goldenen Pille« in der »Edlen Werkstatt der Geheimnisvollen Alchemie« ein.

Die nun folgende Übung öffnet den *Chong-mai* vollständig, so dass die Grenzen zwischen den drei Energien durchlässig werden.

Beginnen Sie diese Übung erst, wenn *Xia Dantian* und *Zhong Dantian* gut entwickelt sind und Sie vollkommen entspannt die Energie im *Zhong Dantian*, dem Mittleren Elixierfeld, kreisen lassen können.

DEN FÜHRER DER DREI GRUNDLAGEN MIT *QI* NÄHREN

Das *Qi* soll nun weiter aufsteigen, entlang des Kanals *Chong-mai* ins *Shang Dantian*, das Obere Elixierfeld, und das dort »aufrecht sitzende, fünffarbig gewandete Kindlein« mit dem Namen »Führer der Drei Grundlagen« nähren.

Versuchen Sie zunächst, auch das *Shang Dantian* deutlich zu spüren. Schließen Sie die Augen und konzentrieren Sie sich auf einen Punkt zwischen den Augen, zwei Finger breit hinter der Stirn. Die meisten Menschen haben keine Schwierigkeit, dort ein besonderes Kribbeln, eine Vibration, ein Licht oder ein Wärmegefühl wahrzunehmen – eben das *Shang Dantian*, den »Palast des Jadekaisers«.

Diese Übung entspricht den beiden vorhergehenden. Wiederum kehren Sie den natürlichen Fluss der Energie um und ziehen mit dem Einatmen das *Qi* entlang des *Du-mai* bis zum *Xia Dantian*, von dort aus zum *Zhong Dantian* und von dort ins *Shang Dantian*. Dort halten Sie das *Qi* fest und halten den Atem an – acht Sekunden lang. Beim Ausatmen verdichten Sie das *Qi* im *Shang*

Dantian, dem Oberen Elixierfeld, und lassen dabei die verbrauchte Atemluft ausströmen. Gleichzeitig leiten Sie »unreines *Qi*« über den *Chong-mai* nach unten und dann über den *Ren-mai* nach oben und geben es schließlich nach außen ab.

Bei dieser Übung müssen wir noch stärker darauf achten, nicht zu sehr mit dem Willen das Aufsteigen der *Qi*-Kraft erzwingen zu wollen. Die Strecke, über die das *Qi* fließt, ist viel länger als bei den vorigen Übungen. Der Atem muss daher insgesamt auch länger gehalten werden, was einiger Übung bedarf.

Wenn Sie den Atem länger halten, als es noch angenehm ist, kann das sogar schädlich sein. Ihre Intuition sollte jedoch auf dieser Stufe bereits so weit entwickelt sein, dass Ihnen derartige Fehler nicht mehr unterlaufen.

Auch das Obere Elixierfeld wird, indem es immer mehr Energie speichert, den *Qi*-Strom schließlich wie von selbst anziehen.

Der Schmelztiegel der Energie

Der letzte Schritt auf dem Weg zum »Wahren Menschen«, dem Ideal der daoistischen Alchemie, vollzieht sich von selbst, wenn die drei Elixierfelder entwickelt sind. Es bedarf keiner zusätzlichen Übung, abgesehen von der daoistischen Meditation – die innere Weisheit und Intuition ist dann so weit entwickelt, dass *Wu Wei*, das Nicht-Eingreifen, zur Selbstverständlichkeit wird.

Die alten Meister stellten sich die Abläufe der Inneren Alchemie etwa so vor: Wenn alle Elixierfelder mit Energie gefüllt sind, steigt die Energie in der daoistischen Meditation von selbst in die »Edle Werkstatt der Geheimnisvollen Alchemie« auf, einen energetischen »Hohlraum«, der sich nun mit den Drei Energien füllt und in dem die Herstellung der »Goldenen Pille« stattfindet.

Diese »Goldene Pille« ist das Ergebnis der Verschmelzung der Drei Energien. Die »Goldene Pille«, also die aus den drei Kräften entstandene Energie, wandelt dann allmählich den »Goldenen Körper« (der Zustand, der erreicht wird, wenn der *Chong-mai* geöffnet ist und die Elixierfelder mit *Qi* aufgeladen sind) in den unsterblichen »Diamantenen Körper« um.

Die »Goldene Pille« wird nicht äußerlich, in Schmelztiegeln und Öfen hergestellt, sondern innerlich, in unseren Energiezentren, die deshalb auch »Elixierfelder« genannt wurden. Die »Goldene Pille« ist Ihr idealer körperlich-seelisch-geistiger Zustand – befreit von Energieblockaden, frei, harmonisch mit sich selbst und der Welt zu leben; voller Klarheit, innerer Ruhe und Gelassenheit.

Hier zeigt sich, wie die Innere Alchemie, die auf den

ersten Blick ein wenig vom daoistischen Ideal des Wu Wei abzuweichen scheint, letztlich doch genau dieses Ziel hat: im Einklang mit dem Dao zu leben.

> *Nur durch Mäßigung kann man*
> *von Anfang an dem Dao folgen.*
> *Von Anfang an dem Dao folgen heißt:*
> *das Speichern der Wahren Kraft.*
> *Wer aber die Wahre Kraft speichert,*
> *dem ist nichts unerreichbar.*
>
> LAOZI

*Verwirf das Gelernte
und du wirst frei von Sorgen sein.*

LAOZI

Anhang

Zur Aussprache der chinesischen Wörter

Im Chinesischen kann beinahe jedes Wort beinahe jede Funktion haben: Ein Wort kann Hauptwort, Tätigkeitswort oder Eigenschaftswort sein; es kann viele verschiedene Bedeutungen haben, zum Teil Bedeutungen, die keine direkte Entsprechung in unserer Sprache haben; und, als ob das noch nicht genug wäre – es gibt auch keine Satzzeichen. Daher unterscheiden sich die vielen Übersetzungen enorm.

Bekanntermaßen ist das Chinesische auch keine Lautschrift, sondern die Wörter werden mit Zeichen wiedergegeben. Das aber heißt, dass chinesische Schriften nicht so einfach übertragen werden können – denn die chinesischen Laute entsprechen nicht eindeutig unseren.

Pinyin ist heute das offizielle Schriftsystem zur Umschreibung des Hochchinesischen. Die durch die Pinyin-Umschrift angegebene Aussprache ist heute internationaler Standard. Deswegen haben wir in diesem Buch auch für alle chinesischen Namen und Bezeichnungen diese Transkription verwendet, obwohl manche Begriffe heute in Deutschland noch eher unter älteren Umschriften bekannt sind – unter anderem auch »Tao«, »Lao Tse« oder »T'ai Chi Ch'uan«.

Es gibt oder gab aber eben auch einige andere Transskriptionssysteme. Das bekannteste ist wohl die Umschrift des Chinesischen nach Wade-Giles, die lange Zeit dominierte. In dieser Umschrift wird Dao *Tao* geschrieben, und Laozi *Lao-tse*. In Deutschland ist auch die Umschrift des renommierten Sinologen Wilhelm (1873–1913) bekannt, der viele chinesische Klassiker als Erster ins Deutsche übersetzte. Bei ihm wird Laozi *Laudse* geschrieben – was für Deutsche der chinesischen Aussprache recht nahe kommt, aber das internationale Verständnis eher noch schwieriger macht.

Manchmal sind die Unterschiede so groß, dass für den Laien kaum zu erkennen ist, dass es sich um ein und dasselbe chinesische Wort (und natürlich dieselbe Aussprache!) handelt. In der folgenden Tabelle finden Sie daher alle in diesem Buch genannten chinesischen Begriffe und Eigennamen mit ihren verschiedenen Umschriften und der (annähernden) Aussprache.

PinYin	Andere Schreibweisen	Aussprache	Bedeutung
Cantongqi	Ts'an Tong Ch'i	tzantung tschi	Überein-stimmung der Energie
Chen Zi	Tchen Dsi	tschänn ds(i)	Eigenname
Chong-mai	Ch'ung Mo, Chung Mo	tschonmai	Zentral-gefäß
Dantian	Tan T'ien	danntjänn	Energie-zentrum
Dao	Tao	dau	»Der Weg«
Daodejing	Tao Te-king, Tao te ching, Daudedsching	daud(e) dsching	Das Buch vom Dao und der Wahren Kraft
Du-mai	Tu Mo	dumai	Gouverneurs-gefäß
Huainanzi	Huai-Nan Tse	huai-nann ds(i)	Meister von Huai-Nan
Jien Wu	Giën Wu	dschi-enn uh	Eigenname
Jing	Dsching, Ching	dsching	Essenz
Kongzi	Kung-Tzu, Kung Tse, Kungzi	kungds(i)	Meister Kung, Konfuzius

PinYin	Andere Schreibweisen	Aussprache	Bedeutung
Laozi	Lao Tse, Lao Tzu, Laotse, Laudse	lau ds(i)	Der Ehrenname von Li Bo-Yang, »Alter Meister«
Liezi	Lieh-Tzu, Liä Dsi	liä ds(i)	Meister Lie
Long You	Lung-Yo	lung jou	Eigenname
Lü Yang	Lue Yang	lü jang	Eigenname
Qi	Chi, Ch'i	tschi	Lebensenergie
Qigong	Ch'i Kung	tschigung	Übung der Lebensenergie
Ren-mo	Jen Mo	(r)ennmai	Zentralgefäß
Shang	Schang	schang	Oben
Shen	Schen	schenn	Lenkende Kraft
Taijiquan	Tai Chi Chuan, T'ai Chi Ch'uan	taidschi tschuän	Daoistische Kampfkunst
Wang Che	Wang-Tse	wang tscheh	Eigenname
Wei Bo-Yang	Wei Bohjang, Wei Pohyang	wäi bohjang	Eigenname

PinYin	Andere Schreibweisen	Aussprache	Bedeutung
Wu Wei	Wu-Wei	uh wäi	Nicht-Ein-mischung
Wen Daofeng	Wen Tao-Feng	wen daof(e)ng	Eigenname
Wu-zi	Wu-Tzu	uh ds(i)	Meister Wu
Wu Xing	Wu Hsing	uh hsching	Fünf Elemente
Xia	Hsia	hschja	Unten
Yang Zhu	Yang Chu	jang dschuh	Eigenname
Yin Wenzi	Yin Wen Tse, Wen-Tzu	in wenn ds(i)	Eigenname
Yun Chi	Yün T'si	jünn tschih	Eigenname
Zhang Sanfeng	Chang Sang-Feng	dschang sanf(e)ng	Eigenname
Zhong	Ch'ung	tschung	Mitte
Zhuangzhou	Dschuang Dschou	dschuang dschou	Eigenname
Zhuangzi	Dschuang Dsi, Chuang Tse, Chuang Tzu	dschuang ds(i)	Meister Zhuang (Zhuangzhou)
Zie Yu	Dsië Yü	dsi-e üh	Eigenname

(i), (e), (r) – diese Laute werden nicht voll ausgesprochen, sondern »verschluckt«.

Literatur

(Hier sind nur die deutschsprachigen Quellen angegeben.)

Bertschinger, Richard: *Cantong Qi, Das Dao der Unsterblichkeit*. Frankfurt am Main 1997

Chang, Tsung-T'ung: *Metaphysik, Erkenntnis und praktische Philosophie im Zhuangzi*. Frankfurt am Main 1982

Cleary, Thomas (Hrsg.): *Die Drei Schätze des Dao. Basistexte der inneren Alchemie*. Frankfurt am Main 1996

Cleary, Thomas (Hrsg.): *Also sprach Laotse. Die Fortführung des Tao Te King, aufgezeichnet von seinem Schüler Wen-Tzu*. Bern 1995

Edde, Gérard: *Das Tao-Handbuch – Taoistische Philosophie, Meditation und Medizin, heilige Berge und innere Alchemie*. Aitrang 2006

Fischer, Theo: *Wu wei: Die Lebenskunst des Tao*. Reinbek 2005

Fischer, Theo: *Lass dich vom Tao leben*. Reinbek 2002

Forke, Alfred : *Geschichte der alten chinesischen Philosophie*. Hamburg 1964

Lin, Yutang: *Laotse*. Berlin 1955

Möller, Hans-Georg: *Laotse: Tao Te King, Nach den Sei-dentexten von Mawangdui*. Frankfurt am Main 1995

Smullyan, Raymond: *Das Tao ist Stille*. Frankfurt 1994

Schwarz, Aljoscha; Ronald Schweppe: *Anleitung zum Philosophieren*. München 1999

Schwarz, Aljoscha; Ronald Schweppe: *Die 7 Geheimnisse der Schildkröte*. München 2007

Schwarz, Ernst: *Laudse: Daudedsching*. Leipzig 1990

Thesing Josef, Thomas Awe (Hrsg.): *Dao in China und im Westen*. Bonn 1999

Watts Alan, Chungliang Al Huang: *Der Lauf des Wassers. Die Lebensweisheit des Taoismus*. Frankfurt 2003

Watts, Alan: *Der Lauf des Wassers*. Frankfurt am Main 1975

Wilhelm, Richard: *Dschuang Dsi. Das wahre Buch vom südlichen Blütenland*. München 2002

Wilhelm, Richard: *Liä Dsi. Das wahre Buch vom quellen-den Urgrund*. München 1996

Wilhelm, Richard: *Laotse: Tao Te-King. Das Buch vom Sinn und Leben*. München 2004

Wohlfart, Günter: *Zhuangzi. Meister der Spiritualität*. München 2002